最美街坊

ZUIMEI JIEFANG

小故事，大感动
向最美致敬，为大爱喝彩

任天阳◎主编

SPM 南方出版传媒 广东人民出版社
·广州·

图书在版编目（CIP）数据

最美街坊 / 任天阳主编．—广州：广东人民出版社，2014.8
ISBN 978-7-218-08695-8

Ⅰ．①最… Ⅱ．①任… Ⅲ．①精神文明建设－先进事迹－广东省
Ⅳ．① D648

中国版本图书馆 CIP 数据核字 (2014) 第 042717 号

最美街坊　　任天阳　主编

出 版 人：曾　莹

选题策划：卢家明　肖风华
责任编辑：王　宁　卢雪华　黎　捷　曾玉寒
封面设计：么　介
版式设计：李桢涛
责任技编：黎碧霞

出版发行：广东人民出版社
地　　址：广州市大沙头四马路 10 号（邮政编码：510102）
电　　话：（020）83798714（总编室）
传　　真：（020）83780199
网　　址：http://www. gdpph. com
印　　刷：珠海市鹏腾宇印务有限公司
书　　号：ISBN 978-7-218-08695-8
开　　本：787mm×1092mm　1/16
印　　张：13　插页：1　字　数：200 千
版　　次：2014 年 8 月第 1 版　2014 年 8 月第 1 次印刷
定　　价：38.00 元

如发现印装质量问题，影响阅读，请与出版社（020-83795749）联系调换。
售书热线：83795240 83781467

序：挖掘和传播身边人的正能量

总有一些力量让人感动，既来自崇高，也来自平凡。《最美街坊》新书，正是洋溢着身边人的正能量，很有力，也很温暖。《南方都市报》“寻找广东最美街坊”两年多的活动和报道，挖掘和传播了身边人的正能量，事例鲜活感人，社会效果突出，是新时期媒体开拓报道空间、承担社会责任的成功经验。

习近平总书记会见第四届全国道德模范及提名奖获得者时强调，道德模范是社会道德建设的重要旗帜，要深入开展学习宣传道德模范活动，弘扬真善美，传播正能量，激励人民群众崇德向善、见贤思齐，鼓励全社会积善成德、明德惟馨，为实现中华民族伟大复兴中国梦凝聚起强大精神力量和有力道德支撑。“寻找广东最美街坊”，正是通过树立一批道德模范，践行社会主义核心价值观。

结合广东实际，加强新时期公民思想道德建设，大力培育和践行社会主义核心价值观，是全省各级宣传思想文化部门的任务，也是全省各媒体需要解答的“考题”。工作要做得既有声势又有实效，“寻找广东最美街坊”为我们提供了诸多经验。

2012年6月，《南方都市报》在报道“托举哥”周冲及一群热心街坊的先进事迹中，提炼主题，升华个例，推出“寻找广东最美街坊”活动。活动持续时间长，覆盖地域广，参与人数多，内容丰富，形式新颖，成为弘扬传统美德和时代新风的大讲堂，展现新时期道德楷模风采的大舞台。一个又一个“平民英雄”有血有肉，一次又一次冲击人们的心灵，荡涤社会的风气。评选出来的“最美街坊”以及特别致敬人物，闻之动容，见之动情。

挖掘和传播身边人的正能量，是媒体的职责。南方报业发挥主流媒体的传播力、公信力、影响力优势，树立起一批可亲、可敬、可学的道德模范典型。生活中不缺少美，只是缺少发现美的眼睛。媒体充当着社会的眼睛，大力弘扬“最美”，是落实“走基层、转作风、改文风”的生动实践，也是开展党的群众路线教育实践活动的重要收获。实践再次雄辩地证明：接地气、有内容、蕴情感的新闻报道，具有恒久的生命力，永远都受大众欢迎。

做好舆论引导工作，要把握好时、度、效。《南方都市报》回答了媒体传承创新的重大命题：传统媒体的原创、策划、精品优势不可动摇，主旋律报道大有可为，都市类媒体也能当主角，而且具有受众面广泛、策划意识强、报道手段鲜活的长处。

我参加了两年的“最美街坊”颁奖典礼，现场感受到这些身边平凡人的正能量，撼人灵魂，催人泪下。组织这样的活动和报道，使正能量放大和扩散，是媒体承担社会责任的体现，也是报道空间的拓展。“寻找最美街坊”已经成为《南方都市报》的品牌栏目，希望继续发扬，推陈出新。也希望全省各类媒体深入基层，深入百姓，推出优质报道，让更多的“街坊”成为时代主角。

是为序。

2014 年 8 月

（作者系中共广东省委宣传部副部长、省文明办主任）

目 录

侠肝义胆　温暖人心

目 录

目 录

侠肝义胆　温暖人心

周冲：“黄衣男”爬窗托举生命

【致敬词】

每一天，他们只是平凡“路人甲”；那一天，他们因为合力救人，成为街头巷议、广受赞赏的平民英雄。这个社会从不缺对真善美的追求，缺的是将内心其善激发出来，并付诸实践的勇气。周冲和怡东苑街坊们共同托举的力量，以看似普通之举动，彰显道德张力。

周冲（冯宙锋、刘海韵 摄）

周冲，湖北孝感人，1989年生。2012年5月25日，周冲从孝感来到广州，暂住在珠村开超市的堂兄周伦刚处，他准备在广州找一份电焊工的工作。6月3日，周冲和女友李英准备到东圃应聘，在路过中山大道怡东苑时发现三岁女童琪琪悬在半空，便出手相助。因穿着黄色上衣，被称为“黄衣男”。经媒体报道后，周冲获得广东省青年“五四”奖章等荣誉。现为广州港集团的汽车维修工人，并在广州落户。

2012年6月3日，周日，多云。两名外孙女不用上学，老李带着她们在四楼家中玩耍。大孙女就读小学二年级，小孙女琪琪则在幼儿园就读。

这是个两室一厅外加一个小书房格局的房子。在书房外面有个不大的阳台，洗衣机和空调主机都放置在阳台地板上，高约一米有余的阳台护墙则安装有铝合金花架，几个盆景正盛开着鲜花。

中午时分，家里的白糖快用完，老李准备到小区门口的商店购买，叮嘱完大孙女在家照看妹妹后，老李关上家门下楼。

然而，大孙女悄悄抛下妹妹琪琪也出了家门。琪琪悠然地看着电视里播放的动画片，等她回头发现姐姐已不在家中，不高兴了，就从地上站了起来，生气地将房门紧紧反锁。当琪琪再次起身想要开门出去时，却发现再也打不开了。她开始有些害怕地哭了起来，在屋里到处寻找出门的方法。

最终，琪琪发现书房与阳台之间的门没有关，她不加犹豫地走了过去，爬上空调主机，再翻上比她还要高的阳台护墙。在空置的铝合金花架上，琪琪整个身子漏了下去，头则卡在了上面，她害怕得哭了起来。

发现女童被卡，街坊合力施救

11时30分，街坊小范从中山大道走进小区，手里还握着手机边走边玩。听到哭声，小范不由自主地抬头往上看：一个小女孩正悬挂在空中，头卡在花架上动弹不得，双手还拉着花架想要往上爬，双脚则蹬着来回摇晃。“有小孩要掉下来啦！”小范大喊。

小区的平静被叫喊声打破。楼下街坊纷纷跑出家门查看究竟。一楼租户张虎和妻子都跑出门，看到眼前一幕，张虎首先想到：“快找东西垫一下。”他担心琪琪短时间内坠落，迅速和妻子跑回家中拿棉被。

正在治安室里聊天的物管员潘姨和住户温先生也听到呼喊声，从小区开出的一辆货车停下来，司机从驾驶室走出，他们伸出双手，作出要接着琪琪的姿势。潘姨跑回治安室拿防盗门门卡，一口气跑上四楼，大力拍打琪琪家门，却无人应答。

潘姨随即敲对面401的房门，401住户老谭是公安，潘姨马上向他求助，让谭家人报警和打电话通知小孩妈妈，潘姨又跑下四楼，四处向年轻街坊求援，让街坊寻找小孩的外公老李。

楼下店铺老板老区找来三个纸盒，摆放在地面上，希望能起到缓冲的作用。张虎和妻子摊开了自家的黄色棉被，和小范、温先生等街坊各执棉被的一端，摊开棉被。

11时32分，怡东苑小区清洁工老周，急中生智，跑到存放垃圾处，和妻子先后搬出两个床垫压在纸箱上（事发前几天，有小区居民把丢弃不用的旧床垫给了老周，老周正好还未运走），七八名男街坊合力将棉被摊在床垫上，并每人用力拉开棉被一端。

此时离发现琪琪悬空不过五分钟，怡东苑的街坊们已组成了一张"三合一救生垫"，让人稍稍安心。

"黄衣男"挺身而出，托举女孩十分钟

这个时候，23岁的湖北小伙周冲和女友李英在怡东苑对面马路走着，准备到东圃应聘。见到对面聚集多人，抬头一看，一个女孩正悬挂在空中。正好绿灯，周冲招呼都没跟女友打，就直接翻过栏杆过去。

走到楼下，周冲看到半空中的小女孩已经没有力气了，原本握着花架的手松开，头部还卡在上面动弹不得，刚好卡在喉咙位置，非常危险。

“如果时间久一点，她会不会断气？”周冲担心小女孩会窒息，便跟着在怡东苑门口开烟酒饮料铺的老张、开打印店和餐馆的老朱，还有正在烟酒饮料铺装修的杨师傅等一行人往楼上跑。他们到了四楼，老张抡起锤子朝门锁砸去，门锁纹丝不动。周冲见门砸不开，就说“我去三楼托住孩子”。杨师傅则跑回店里取手持式切割机。

三楼屋主阿姨听到敲门声，开门让街坊进入，还打开了防盗网的小窗户。前面有几个人因为个头都比较大，出不去。周冲心想自己个子小，应该没问题。

11 时 38 分，身穿黄色衣服的周冲从 302 房防盗窗爬出，沿着窗户徒手靠近琪琪悬挂的位置。窗户空间有限，他每挪动一步，街坊都深深吸一口气。

一步、两步……周冲在窗户上连跨四步，双脚并立站在琪琪正下方，一手握住防盗窗，一手举起想将琪琪往上托。受到身高的限制，他举起的手只够摸到琪琪的脚底，根本无法用上力。

看到琪琪嘴巴开始有点吐白沫，周冲就又往上面爬了一格，左手扶着防盗窗上沿，让琪琪的脚踩在他手上，这样琪琪的头就不会再卡在上面。

“加油，爬上去，加油！”四周的街坊紧张地喊着。周冲教琪琪两个手用力往上爬，琪琪双手抓着花架，双脚踩在周冲手上，用力往上爬，可身子还是上不去。

周冲又再上一层爬到了防盗窗第三格的位置，用力将小孩往上顶。这时小女孩也基本缓过来了，然后又开始哭，周冲一直安慰她:“慢慢往上爬，警察叔叔马上就过来了。”

街坊们都为周冲的安全捏一把汗。街坊的钟先生在三楼阳台伸出手，抱住周冲的腿和腰，还用绳子系在周冲腰上。过了一会儿，周冲爬到了防盗窗的顶格。他用一只手抱住小女孩，小女孩开始把头往下面钻，但依然没能成功。

街坊合力破门，小女孩顺利被救出

幸好，杨师傅带着手持式切割机上楼。在 401 房谭家接上插板，但插板电线不够长，杨师傅又跑回商店取插板。

11 时 41 分，门锁两端被锯开，两名小伙子心急地用手掰铁皮门，手都被尖利的铁皮划出了血，但仍然开不了门，老张下楼求援，找到一名交警上楼和街坊合力撞开 402 房门。一直不知所措的老李，立即冲进屋内，跑到琪琪身边。老李双手抱住琪琪，试图将她直接拉上来，但卡住的身子却没那么容易被拉出。

破门后杨师傅冲到阳台上，用切割机切花架，老朱想到溅起的火花可能会烫伤小孩，马上找来一条毛巾，围住小孩的手和头部。

11 时 48 分，琪琪被安全抱下来，楼下街坊纷纷鼓掌。经过检查，琪琪除了脖子擦红外，并无受伤。

等到琪琪被抱出，周冲便从防盗网上下来了，回到地上，这时他才感觉到腿有点发软，站在防盗网上的十分钟，他完全是用脚尖在那里顶着。跟来现场的时候一样，周冲没跟任何人打招呼就离开现场，没有人知道他的名字，他回到家小腿痛了两天。

事件经过《南方都市报》报道后，全城开始寻找"黄衣男"。次日，周冲的一名朋友从新闻中认出了周冲，向《南方都市报》报料。周冲的名字也由此为公众所知。

【对话】

“我只是一个符号，背后代表的是一种精神”

记者：爬出防盗网外，害怕吗？

周冲：初中毕业后，我就跟师傅学电焊，在建筑工地要系上安全带进行高空作业，对高度没有那么恐惧。现在回头再想，还真是有点怕。我要从三楼的防盗网往上爬，也不知道那个防盗网安不安全。

记者：小女孩被救下来后，你为何选择了不辞而别？

周冲：街坊看到我下来后，都夸我怎么这么勇敢，还都在那里鼓掌，我当时都觉得不好意思，说了句“没事”就走了。本来想再上四楼去看看小女孩的，但是当时楼道里挤满了人，想着女友还在马路对面等着，有点怕她担心，我就没打招呼，直接走了。

记者：第一天新闻出来后，很多人称赞你，媒体也找你，你的反应是什么？

周冲：6 月 7 日帮我哥守超市时，我无意间看到电视，上面就有我的新闻。然后上网看了看，发现自己都上报纸了，好多视频、头条都是这个救人的新闻。当看到小女孩的爸爸说想通过电视感谢我，那时候还挺感动，毕竟做了一件好事，挺开心的。

记者：为什么没有主动联系媒体呢？

周冲：我也没想要接受采访、上报纸电视什么的。做了好事再去想别的就不好了。我觉得这也不算一个很大的忙，我们大家能帮一下就帮一下，就没在意。看到网上的视频和评论，我都没回复，也没想过要找记者。

记者：怎么看待外界给你的荣誉？

周冲：我只是一个符号，背后代表的是一种精神。我希望大家不要过多关注我，而是弘扬这种精神。外界给的这些荣誉是一种责任、一种压力。但就跟我一直说的一样，我做的就是一件小事，举手之劳。当然这些压力对我来说也是一种动力，让我更好、更努力地去为别人服务。不管怎样，我都是一个平民、一个打工仔。我一直看得比较淡，心态也很平。

舍身爬上三楼防盗网欲救下被卡脖女童的周冲（市民李润桂提供图片）

我以前吃了很多苦。初中的时候家里住的是土房，一条裤子穿一年，出来打工最苦的时候用洗衣粉洗头。所以我很珍惜现在的生活，也明白了一个道理，只有自己有能力，才能去帮助别人。我不会去追求荣誉，而是努力让自己有更大的能力去帮助别人。

记者：这件事带给你的改变是什么？今后有什么打算？

周冲：我以前打工的时候，整个人都是麻木的，就是为了赚钱而活，没什么想法。但现在感觉自己被"激活"了，有工作、有活动，还要上课学习，非常充实，不像以前那么懒懒散散。现在很多事情我都要操心：怕学习学不好，参加活动担心稿子读不好，上班的时候怕事情做不好。以前没有这么多操心的事儿。今后打算就多了：一是还想读本科，二是把相关证书拿到，三是多参与志愿者活动，四是想把爸妈接到广州来尽孝心。

【采访手记】

这群街坊有魔力，能很快把陌生人变熟人

当日，记者到怡东苑采访参与救援的街坊。来到小区门口，便见到治安员潘姨等人聚在一起聊天，这也是他们生活中的常态。记者没有费很大功夫，便一一找到了当时在场的街坊。

街坊们都很热情、随和，与他们聊了不久，记者很快被这里的氛围感染。这是一个业主自治小区，没有物管公司，负责管理的多是退休和下岗的业主，工资不高但干起活来很上心，配得上“全心全意为街坊服务”这句话。

怡东苑社区有着把“陌生人”转变成“熟人”的强大吸引力。当时搬出纸箱营救琪琪的街坊老区说：“那种邻里之间互助的气氛会互相感染，现在即使是租户，也能很快融入我们这个大家庭。”

“住了这么久，邻居之间都很熟，见面了都记得是哪一户的居民。”说话爽朗、笑容灿烂的潘姨，是怡东苑小区当班的物管，也是在此住了12年的老居民。

小区的街坊都是热心好人，小区值班室和旁边的物管处是业主们的“公共空间”，里面的长椅和办公椅几乎都是小区业主装修时送出的旧家具。也就是在这个地方，街坊们聊天聊出了感情，知道彼此的家庭情况，互留电话。“你去市场吗？顺路帮我买斤猪肉回来吧。”“我家的被子晾在天台上，快下雨了先帮我收到你家里。”“我下午要出门买点东西，帮我看一下孩子好吗？”

这样融洽的社区氛围和邻里关系，正是在危急面前大家互相信任、有力出力的基础。如果不是街坊们聚在一起合力营救小女孩，"黄衣男"周冲未必会注意到马路对面悬挂半空中的小女孩。

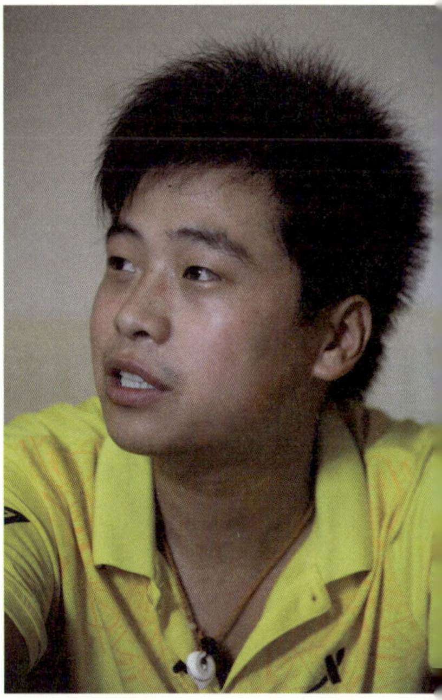

周冲接受采访时表示，当时情况紧急，没有多想就冲上去救人（陆仁贾、张志韬 摄）

和街坊们一样，周冲爬上楼托着小女孩，出于单纯的本心：别人有困难，能帮就帮，就跟饿了吃饭、渴了喝水一样平常。大家无须担心锯开门锁，撞开 402 大门会不会受到业主责怪。急着上楼救人的烟酒店店主老张甚至忘记在救人前锁上店门，在危急关头，街坊们都只有一个念头："怎么保证小女孩的安全。"

这不正是我们期待生活的环境么？

采写：南都记者 陈万如 谢亮辉

邱金强：机智解救同行的的哥

【致敬词】

机智灵敏，危险逼近沉着自救；古道热肠，同行遇险仗义相助。邱金强的义举，让人们看到出租车司机群体互助的力量：帮助别人就是帮助以后的自己，“救人”等于“自救”。

邱金强（冯宙锋、刘海韵 摄）

邱金强，今年45岁，广东电白人，从事的士司机已有10多年时间。2012年7月某晚，邱金强驾驶的士在白云区嘉禾路段，三名可疑男子要搭车，被邱金强拒绝，后来三名男子搭上另一辆同行的士，邱金强不放心尾随查看，看到三男打劫同行的士司机，邱金强机智施救，与同行司机成功当场抓获一人。

遇到危险时，他凭自己的警惕性躲过一劫，转眼见同行又身陷险境，他没有一走了之，相反凭着自己的机智和勇敢，成功解救同行并抓获犯罪嫌疑人。他就是普通的的士司机邱金强。

警惕性高躲过一劫

2012 年 7 月某晚 11 时许，邱金强驾驶着广州市蚬富出租车公司的士，行经广州白云区嘉禾路段时，遇到三名男子扬手打的。邱金强停下后，三名男子并没有立马上车。其中一人说了一个地点，问邱金强去不去，还问去要多少钱。

“他说的那个地方我知道，很近过去都不用跳表，但我记得是一个断头路，没有路灯。”

年轻时当过兵，有 10 多年出租车司机经验的邱金强，下意识地观察了一下那三人，心里隐隐有些不安。“当时我正好戴着耳机，和另一名同行通电话，他在电话里听到是三个男乘客，开玩笑的说了句：‘不要是抢劫的啊！’”

安全第一，是邱金强多年从事的士行业的经验守则。“不去了，太晚了。”邱金强回绝了三人便驾车离开。

开出几十米远，邱金强越想越觉得三人可疑，担心有其他的士同行中招，他把车停在一百米远开外的路边，通过倒后镜观察三人。为了不被三人发觉，邱金强熄了车顶上的灯。很快，三人又拦下一辆绿的，是利是丰公司的的士，之后三人上了车。

“我担心他们是真的抢劫的，所以开车跟在后面看看。”

司机邱金强（刘禹扬、冯宙锋 摄）

机智施救抓获一匪

邱金强拉开一段距离跟在后面，看到前方的士开到鹤边村附近。当时车上司机依照三名男乘客的要求，驶入了一条漆黑的小路。果然，三名男子见时机成熟，坐副驾驶位的男子拿出凶器，架着司机的脖子，让他把钱都拿出来。

此时，驾车尾随的邱金强，见前车已停在路边，他警觉地慢慢驾车靠近，见到车内没有动静，他开启大灯闪了几下。

“事后那个被劫司机告诉我，就是我闪大灯这几下，分散了劫匪的注意力。”邱金强说，当时被劫司机脖子被副驾驶位的男子用刀架住，无奈地正按照劫匪要求掏钱。邱金强在后面突然闪了几下大灯，持刀的男子下意识地往后看，被劫司机趁持刀男子注意力分散一刻，抓住机会对其面门猛击一拳，并用手紧紧掐着对方手臂夺刀，一边大喊“抢劫啊”，一边夺门出逃。

邱金强听到对方大喊抢劫，也跟着下车大喊“抢劫啊！”车上抢劫的三名男子落荒而逃，后座两名男子跑得快得以逃脱，副驾位的男子被邱金强和被劫司机两头包夹，两人合力将其按倒在地，成功将其制服。

民警接报到场后，两名司机将抓获的男子交给警方，警方顺藤摸瓜，很快又抓获了同案中的另一名犯罪嫌疑人。

婉拒金钱答谢吃了一顿宵夜

“说不怕也是假的，当时路上又黑，我们叫得大声点，也是对劫匪一种威吓。”邱金强说，遇上抢劫的事情，也不是每个人都有胆量上前制止。“当时旁边有个工厂，我们大叫抢劫，工厂有人探头出来看，但也没出来帮忙。”邱金强说自己当过兵，眼见同行被劫，他觉得应该帮忙。

在派出所录完口供，已经是凌晨4时了。被劫的司机十分感谢邱金强，说要给钱答谢，但被邱金强拒绝了。“大家都是同行，不用这么客气。”

但被劫的司机还是想答谢邱金强，最终决定采用“最的士司机”的方式：请吃宵夜。被劫司机又找来几个自己的同行朋友，席间直呼邱金强大哥，感谢救命之恩。“弄得我还有点不好意思。”邱金强说。

46岁的邱金强，家里还有一双儿女。事情发生后，连日都有媒体报道，公司和同行都对其称赞，但家人更多是记挂担心。“我年龄也不小了，他们怕我出事。”不过，女儿还是对爸爸的行为颇感自豪。“她开玩笑地对我说，没想到爸爸也能做出这么英勇的事。”

的士司机压力大危险高

邱金强说，这次事件中之所以能成功避险，主要还是多年来养成的警惕习惯。“每个乘客我都会打量一下，也会考虑要不要载。”最怕的就是晚上去一些偏僻的地方，有时候为了安全，邱金强宁愿不去。

“万一有个我觉得可疑的人上了车，如果他坐后排，我就会通过倒后镜观察他，尝试和他说话，试探他的真实意图，如果他坐副驾驶位，那就要更加小心了，看他会不会坐着不安定，还有衣服里会不会藏着家伙。”

除了意图不轨的犯罪分子，平日夜里更经常遇上的麻烦，是放飞机不给车费，或是醉酒趁机闹事的人。“有人说下车再给钱，然后下了车车门都不关，就跑到巷子里去了，巷子又黑，难道我还下去追吗？”

“有些喝醉酒的人，他们也会有礼貌，说司机我喝醉了，到了目的地你就叫醒我，但有的就是存心闹事，还打人，如果你不载他，他还会踢你车门。”说起这种“醉猫”，邱金强禁不住摇头。“这些人素质太低了。”

【对话】

夜里为了开工，除夕饭都没回家吃

记者：当时你怎么会觉得那三个人可疑？

邱金强：我也说不上来，就是一种经验吧，觉得他们问得太多，而且去的地方又偏僻，他们又有三个人。

记者：为什么会想着跟去查看？

邱金强：事后也有同行开玩笑说我傻，自己不搭客还跟着去看。当时我就是心里觉得不妥，觉得那三人比较可疑，就想跟着去看看，如果真的是抢劫的，我们有两辆车，也好应对。当时也没想到对方会不会有凶器，没想到后来真的就发生了抢劫，就在我面前肯定不能不管啊，所以就在车上闪闪灯威吓一下他们。

记者：家里人会担心吗，有说什么吗？

邱金强：后来回家我老婆也说了我，太爱管闲事了。说你这样去帮别人，如果你有什么事，谁来帮你啊？女儿也有问我，当时怕不怕啊？其实说实在的，从家庭的角度来考虑，她们说的都没错，她们都是担心我，怕我出事，毕竟做这行，很多时候都要靠自己。车上也不能放防身的家伙，万一警察查车搜出来，司机是犯法的。

记者：每天都在路上，会遇到什么其他的麻烦吗？

邱金强：广州这些年治安好了很多，最怕晚上那些跑路不给车费的，或者喝醉酒发酒疯的。白天最怕遇到塞车，开的士就是要快，上下客快，才有的赚，最怕碰到塞车，车费连油费都抵不上。

记者：目前在广州开车，还有什么让你们的士司机觉得不方便的？

邱金强：上厕所太不方便了。说句粗俗一点的，三次尿都要憋着两次去。如果遇上塞车，那可真是会憋死人的。好几年前有一次，我载一个女乘客从环市路去白云区，走白云大道塞得不得了，我真的是忍不住，脸都青了，后来女乘客都看不下去了，说司机你赶紧去吧，我就打开车门跑到路边，外面当时又下着很大的雨，我回来全身都湿透了。

记者：作为的士司机，有什么想对广大市民说的吗？

邱金强先生（刘禹扬、冯宙锋 摄）

邱金强：我们虽然是开的士的，但是也希望能得到尊重，还有很重要的就是理解。比方说，有时候乘客觉得可以抄近道，一般就是违章掉头或切实线，那我肯定不会干，万一被罚款了，还会被扣分，违章一次公司还要停我们两小时上路时间，这样一天就白干了。

记者：今年过年打算怎么过？

邱金强：今年过年不回家了，赚的钱不够花啊。春运这段时间，是生意最好的时候，路上车不多，再过几天人都走了，就没人搭车了。除夕那天下午也是生意最好的时候。去年除夕我饭都没回家吃，从除夕下午一直干到凌晨一点多才回家，回家了我老婆才热了饭给我吃。有人劝我不要这么拼命跑，说实话谁不想回家暖暖和和地和家人吃顿除夕饭，但身为男人的我得养家呀！所以就必须得出来干。

【采访手记】

抓贼的英雄，是家里生活的顶梁柱

2014年1月21日，在人民北路的一间快餐店门口，我们又一次采访了邱金强。当过兵的他，吃饭很快，一年多前那晚的惊险，如今他说起来轻描淡写。“都过去那么久的事了，而且真的是很小的事。”

“现在每天睁开眼，就是拿车钥匙，开工，就算刮台风都一样要出车，除非是病得动不了了，才会停工;停一天工，一个月就肯定少了一笔收入，后面做得再多都补不回来。”

一个月有30天，他可能会开30天工。比起那次英勇抓贼，如今邱金强面对更多的，是现实生活的压力。更真实的邱金强，是一个每天开着车串街走巷，勤奋赚钱养家糊口的的士司机。

一辆的士两个司机轮着开，一天24小时，邱金强可以在路上跑12个小时。“一辆车每月要交给公司一万多元的租金，平摊每个人就是5000多元。”邱金强开玩笑说，每月赚钱就是先填坑，租金、油费、维修费这些坑先填上了，才是自己赚到的钱。生意好的时候，一天在路上跑10多个小时，可以收到500多元的车资。“平摊到车的租金、油费、维修费上面，自己赚的也就只有200多元。”

邱金强一家四口现在还是在城中村租房子住。“什么都涨价，我住的房子，原来每月才400元租金，现在都涨到1200元了。”

邱金强说，自己工作虽然很辛苦，但是为了养家糊口，还是必须出来开的士。“儿子刚出来工作了，赚的还没我多，女儿还在读书，家里不靠

司机邱金强（刘禹扬、冯宙锋 摄）

我靠谁呢？”

虽然生活工作压力大，但邱金强是一个开朗健谈的司机。“乘客上车，我喜欢和乘客聊天，如果大家聊得来，乘客下车说句‘谢谢师傅’，我都会很开心，感觉我虽然是开的士的，但是也得到了别人的尊重。”

说起那次的见义勇为，邱金强一直说，“不是很大的事，见到同行有难，出手帮助是应该的。”那次在邱金强看来，就是像遇上跑车资或醉酒汉一样，是“每个的士司机都会遇上一次的麻烦”。邱金强说，“大多数时候真的只能靠自己，所以现在我看到别人有难，自己能帮就帮，如果我有麻烦，希望别人也会帮我。”

采写：南都记者 沙　龙

李艳心：过路护士救助晕倒老人

【致敬词】

路见陌生人倒地，"扶与不扶"是一个难题。老人晕倒，旁人围观，李艳心却毅然伸出援手。她时刻谨记护士的职业使命，不忘救死扶伤的道义。她用"另类"的行动告诉人们：人心未冷，向冷漠的世界说再见。

护士李艳心（冯宙锋、刘海韵 摄）

李艳心，佛山顺德区均安医院护士，1971 年生。从业 20 余年，先后在医院外科、急诊科、放射科担任护士，2000 年至 2006 年担任护士长。平常乐于助人，资助过贫困大学生，赴边远山区助过学。2012 年 8 月 1 日早，她在均安镇上村一公路旁，抢救一位晕倒路边的八旬老人 20 分钟，虽然最终无力回天，但她的义举仍获得一片赞声。她是 2012 年广东“十大最美街坊”获奖者之一。

八旬老人晕倒路边，一位护士刚好路过，立即急救老人20分钟。这事发生在2012年8月1日早上7时许，均安镇上村一公路旁。虽然最终未能挽回老人生命，但均安医院护士李艳心的救人义举仍获赞声一片。

“她真大胆，不怕惹麻烦”

事发地点位于上村李氏宗祠旁公路上，上村村民周明英刚好住在附近。据她介绍，上午7点30分左右，一名八旬老者骑自行车经过，行到这里不知何故“原地转一圈就倒下了”，附近有人听到“隆”的一声，闻声赶了过来，“这些街坊都不认识老人，也不敢贸然出手相救。”

约7时45分，有晨练习惯的均安医院护士李艳心，也刚好骑自行车经过，她见状马上放下自行车，双脚跪地，开始给老人做按压和人工呼吸。周明英回忆，这时，老人口唇是黑色的，手上惨白，这名护士先把他身体摆正，一下一下地开始按压，“她脸上、额上都是汗，也没有管。”

据多位目击者称，一边在抢救，一边有人拨打“120”。大约抢救20分钟后，第一辆救护车赶到，很快又来了第二辆，医生现场做了简单急救后，将老人送到医院，但不到一个小时，医院判定抢救希望渺茫，建议家属准备后事。不到9时，老人在沙浦家中过世。

“她真大胆，不怕事后惹麻烦！”事发后，有村民感叹。还有村民感慨：如果遇到类似的情况，自己也不敢随便出手。

不愿对媒体多说

在同事眼中，当时41岁的李艳心工作勤勤恳恳，为人低调、谦虚。

被救老人侄子罗顺怀向顺德均安医院护士李艳心献花（冯宙锋、刘海韵 摄）

当天事发后，她只接受了一家媒体采访，此后不愿再多说。“我这样做不过是尽了医护人员应尽的一份责任，该出手时就要出手，根本没什么大不了的。”这是她反复说的一句话。

而事发后，死者侄子罗顺怀对李艳心的帮助表示了感谢。据他介绍，老人叫罗显忠，80 岁，平时身体硬朗，经常骑自行车，但有点高血压。罗顺怀说：“昨天早上，他是骑自行车去锻炼，准备去市场买点菜再回来，不知道怎么出事了。”

不止一次助人

实际上，这不是李艳心第一次助人。

2006年、2007年，中央电视台曾发起过一场资助贫困大学生的活动，她当时从网上挑选了两名大学生，一年一个，都是来自内地省份，每人每年4400元，“当时我们科室的人都知道”。后来，一个受助者还专门跑到均安向李艳心表达感谢，“另一个在武汉大学读研究生，我还托人带了土特产过去”。

后来还被媒体发掘出，就在抢救晕倒老人不久前的2012年7月20日，她在广州开往重庆的列车上，及时救助了一名突然心绞痛的16岁少年，最后这名要到香港参加夏令营的孩子化险为夷。2009年，她曾经和顺德的一些热心人士一起，前往云南新平嘎洒的一所学校助学，她拎着几部复读机前往，和其他家庭共同捐建了一座新国旗杆，还出资2000元，奖励优学，帮扶贫苦。

她后来公开了一个让她感动的细节：抢救老人家的事迹被媒体报道后，一位朋友发来短信：“我看到一个护士在路边救人，心想如果是你在那里，一定会出手相救，把整篇报道看完，那个人果然是你！”

向冷漠说再见

李艳心的事迹经过媒体报道后引起社会强烈反响。2012年11月29日，由南方都市报主办的2012广东最美街坊致敬典礼在南方报业传媒集团举行，她被公布为十名获奖者之一。颁奖现场，主持人陈扬说了一个故事，“从前有一个人，救了一个老人，后来被老人误解……”他说这件事发生后，许多人都不敢救人了，网络上流传一个段子，一个网友说，以后要救人先得拍一段视频以避免被找麻烦，“这个故事你听说过吗？”陈杨问她。

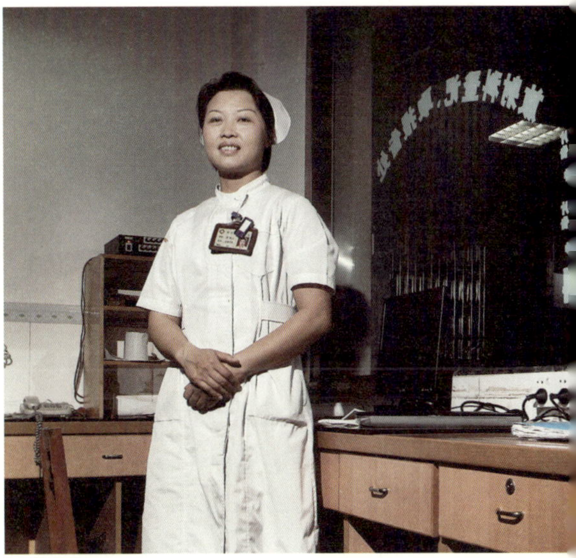

李艳心在办公室(陈辉 摄)

“好像听过。”李艳心回答，不过她说，当时根本没时间去想，救人只是一个医务人员的职责。“如果是你（碰到这种情况），相信你也可以做到！”

“广东十大最美街坊”评选组委会对她的颁奖词是，“路见陌生人倒地，‘扶与不扶’是一个难题……她用‘另类’的行动告诉人们：人心未冷，向冷漠的世界说再见。”

在获颁“广东十大最美街坊”荣誉后，同年12月，李艳心又获得均安2012年“文明之星”称号，成为十名当选者之一。随后，在顺德举行的“顺德好人”巡回演讲中，她来到均安文田中学面对着数百名学生，讲述自己的心路历程。“我跟孩子们讲，我为什么要去帮忙？那里面有偶然性，我刚好碰到了，但同时也需要从小培养一颗关心他人的心。”她说，她希望以此方式，能让这些成长中的孩子受到一点触动。

【对话】

“要教育好孩子，养成良好品行”

记者：能够获得2012年度“广东十大最美街坊”，你怎么看这个荣誉？

李艳心：这对我来说，是很大的奖励。我感觉，我做的事很多人都可以做到，只不过是我偶然碰到了。其实拿奖后，我一直在想，这个奖应该给贡献更大的人，在我身边，这样的人很多。我身边有很多的好人好事。

记者：对你经常做好事，身边人怎么看？

李艳心：我老公在公安战线工作，他比较认同，包括我获得“广东十大最美街坊”荣誉后，他也很高兴。他当时还去了现场。但是，我平常偶尔做的一些助人的事，他一般都不知情的。2009年我们一起去云南助学，他是唯一和我一起做的一次（笑）。不过，对于我资助贫困学生的事，还有一些尽微薄力量做公益的事，我都会让我儿子知道。我希望从小培养他善良的品行。

记者：有没有想过，为什么你救助一位晕倒路边的老人，会引起这么大的反响？

李艳心：这说明社会不信任之风很厉害。我在医院工作，感触很深，很多病人一进医院，好像医院一定要敲他一笔似的。我觉得还有一个问题，中国贫富差距太过悬殊。还是在医院里，我经常听到这样的声音，有些病人说，如果他（她）死了可以获赔十几万，他（她）情愿死。我去年在放射科，经常碰到一些驾车“碰瓷”现象，有时候我们一看，就提醒车主注意，碰瓷的人一看到，就悄悄溜走了。你说这些人，如果生存境遇更好些，他（她）需要这样卑微地活着吗？

记者：作为个人，如何做可以让整个社会更和谐点？

李艳心：要教育好孩子，要养成良好的品行。对成年人来说，要想改变可能很难了。还有，我觉得媒体要多报道一些正能量的东西。

记者：人与人之间，街坊、邻里之间，究竟怎样的关系才能算是理想的？

李艳心：我觉得第一是互相要尊重，其次是要信任，做到这两点，人与人之间就会和谐了。还有一点必须提下，就是贫富分化的问题要解决。

社会上有怨气的都是一些感觉受到不公平对待的人，如果他们能感觉公平，受到公证对待，就能很好融入社会，能感觉到被接纳，就不会有那么多欺骗、冷漠出现。我感觉，我们一些政策制定也有些不公平，例如均安的出租单车，本地人办卡押金只要200元，外地人却要1200元，这不是人为地制造矛盾吗？像这种问题，迟早得重视、解决。

【采访手记】

她乐于助人，也倾心“小家”

2012年3月，获得“广东十大最美街坊”的李艳心不再做护士了，她转到医务科做一名普通工作人员，主要负责社保方面的政策对接与管理控制。“以前，做护士压力好大啊，一个星期休息一天，有时候到休息时间了，病人多，还要把你叫回去。”她说，现在虽然没那么忙碌，可对她来说，因为是新工作，同样充满挑战。

之所以要换岗，是她不想牺牲太多家庭生活。这样的选择，其实在六七年前也做过，那时，她做了好几年护士长了，但儿子刚读小学，需要人照顾，于是她干脆做回普通护士，这样可以花更多心思照顾儿子。

她的同事评价她说，工作勤勤恳恳，做事踏实认真。这一点，在她2012年11月29日前往广州颁奖现场时，就有很好的证明。那时，她特意化了一点淡妆，脸上红扑扑的，“我觉得对大家都是一个尊重吧！”事后她说。

从侧面看，李艳心面容很像港星周海媚，不过她个子更高挑，眉宇间也多了几分英气。有同事觉得她其实颇有几分豪气，敢于担当。

自从得奖后，她的生活改变并不大。依然每天正常上班，花很多心思在孩子身上，从这一点来看，她并不愿意牺牲一丁点的家庭生活。她依然不大习惯接受媒体的采访，“（获奖后）还有好几次媒体找到我，大部分我都推掉了”。

不过她始终坚持力所能及地帮助他人。前不久，住院部有一个男病人，他老婆在派出所做清洁，想到这个家庭需要帮助，她和派出所的一些朋友共同发起了对他们的帮助，还一起探望病人，“我身边还有一个朋友，也受到影响，捐了几千元”。

采写：南都记者 李祖成

刘焕新：公交司机横车立马截匪

【致敬词】

他路见不平，智斗劫匪；危险时刻，一马当先。以正义为矛，以勇气当盾，公交司机刘焕新绝不向邪恶势力低头。英雄多自平民出，刘焕新的义举再次向社会昭示：任时代更替，人性的良善从不会泯灭，爱和责任长存心间。

司机刘焕新（冯宙锋、刘海韵 摄）

刘焕新，41岁，广东韶关人。惠东县俊鹏公共汽车有限公司公交司机，驾驶惠东县5路公交车，往返于惠东县汽车客运站至惠东县大岭镇大浪村，日行300公里。其妻失业，全家三口人目前住在出租屋里。

2012年6月12日早晨，雨后的惠东县城行人稀少，公交司机刘焕新像往常一样驾驶公交车，为了让乘客感到舒服些，他缓慢平稳地驾驶车辆经过惠东县城解放中路。

路见抢劫开车拦阻歹徒

同一天早晨，24岁的女子杨永师和往日一样步行去上班，当她边打电话边缓慢行至解放中路一路段时，一名男子突然抢下她的手机，然后夺路狂奔。

坐在驾驶位上的刘焕新，看到了更为惊险的一幕：被抢的杨永师马上追着劫匪，嘴里高喊“抢劫！”而被追的劫匪恼羞成怒，抽出随身携带的匕首反过来追击杨永师……

此情此境，当许多人还在思考“救或不救”时，刘焕新立即驾驶公交车加速超越劫匪，然后顺势一个右转弯，将追逐道路堵住。被公交车堵住的劫匪，将匕首指向了已经愣住的杨永师……危险时刻，刘焕新立即跳下车，向持刀男子靠近。

与一名义士一起制服劫匪

与此同时，刘焕新身边也赶来了一名40岁左右的强壮男子。刘焕新和强壮男子对过眼色之后，强壮男子从侧面扑向劫匪，箍住他的双手，而稍微瘦弱一点的刘焕新则迅速蹲下将劫匪的双腿一拖。在两人的合力之下，劫匪倒地并被两人紧紧按压住。按压过程中，刘焕新夺过劫匪的匕首扔到一边。

刘焕新和当时驾驶的公交车（罗煜明 摄）

事主杨永师称，夺下劫匪的匕首之后，刘焕新问她是否已经报警，她赶紧从劫匪身上拿回被抢的手机并快速报警。15 分钟后，惠东县南湖派出所的民警赶到，将刑满释放不足半年的劫匪蔡远雄抓住。

见义勇为之后，刘焕新很平静地返回驾驶位，继续驾驶着公交车上班，车上的乘客们并没有责怪刘焕新耽误了他们的时间，反而给了他热烈的掌声。与刘焕新一道制服劫匪的另外一名强壮男子也是匆匆离开了现场，至今无人知晓他是谁。

警方通报后公司才知义举

事后，警方将刘焕新见义勇为的事迹告知他所在的公司，公司领导才知道。此后，有当天乘坐刘焕新当班公交的网友，自发将刘焕新跳车夺刀的事迹发到网上，这名低调的公交司机才广为人知，并迅速成为惠东网络红人。

不过，红起来的刘焕新并未觉得生活会有太多改变，他每天依然驾驶着惠东县 5 路公交车，每天从县城汽车站到大岭镇大浪村来回奔跑 20 趟超过 300 公里。由于不是惠东本土人，年届不惑的他依然还没能在惠东买得起房，他和妻儿三人仍要租住在空间不大的房子里，每个月还盘算着如何省吃俭用才能负担得起全家的开支。见义勇为之后，为了不让家人担惊受怕，刘焕新也没有把自己徒手夺刀的事情告诉妻子，直到有人“告密”她才知道，身材不高的丈夫会如此英勇。

他是惠东人的骄傲

刘焕新夺刀截匪一事经过传播之后，他迅速被惠东网民封了一个名号：“夺刀哥”。受其正气和质朴所感染，惠东许多志愿者团队在举办公益活动时，时不时请刘焕新现身鼓劲，用以激励队员们常怀奉献精神。

“全国优秀志愿者”、“抗震救灾先进个人”张耀明是如此评价刘焕新的：

由于惠东地区治安状况形势比较复杂，加上案件频发，这些年来惠东的声誉一直深受其害，刘焕新徒手夺刀的义举，立即唤醒了社会嫉恶如仇的正能量，他的挺身而出对惠东的各种人群，是一种示范和启发。

作为一名平民英雄，刘焕新身上还保有非常质朴的一面，他成名之后依然恪守本职工作，不以荣誉去换取个人利益。

惠东近几年公益组织发展开始起步，邀请刘焕新等一批在平凡岗位上涌现出来的先进人物来给公益团队打气能起到榜样的作用，在他们的感召下，这些年惠东的义务治安队积极协助警方反扒，志愿者在洪灾、风灾中积极抢险，越来越多的人意识到了公益对社会进步的促进作用。虽然刘焕新目前尚未入籍惠东，但随着刘焕新的事迹通过媒体传播，大大提升了外界对惠东的良好看法，所以惠东人都说他是惠东人的骄傲。

【对话】

以后遇到这种事，还会这么做

记者：得了“最美街坊”这个奖后，你就成为广东名人了。想过自己有一天会被这么多人认识吗？

刘焕新：我10多年前从韶关到惠东打工，由于经济不宽裕，我不抽烟、不喝酒，30多岁才结婚。我们现在经济也不宽裕，还在租房住，我很珍惜现在这份赖以生存的工作。我认为帮助乘客和路人是我这份工作的分内事。出不出名对我来说不重要，重要的是乘客说我好，老板支持我工作，我就满足了。

记者：你见义勇为之后，获得了省、市、县等各级政府的大力表彰，你自己有什么感受？

刘焕新：在别人遇到危险和需要帮助的时候，我们该站出来就要站出来，要不然这个社会就不会那么和谐。站出来也没什么可怕的，因为邪不压正。那些做坏事的人看到我们站出来就会心虚，我们就有机会战胜他们。以后遇到这种事我还会这么做。

记者：见义勇为后你拿到了多少奖金？

刘焕新：我做了应该做的事，没想过要拿什么回报，但是政府和公司给我的奖励，我都记在心里，见义勇为之后至今，我拿到了差不多1万元的奖励，我个人不计较利益，但我总想着别人奖给我的钱不能很快就忘掉吧，所以我得把他们的情意记住。2012年我刚刚见义勇为后，派出所奖了500元，公司奖了300元，后来惠州市综治办奖了我5000元，公司又奖了2000元，这些钱加起来差不多1万元，我全都交给老婆保管了。毕竟我经常开车在外，家里的事全都要她管，我不会乱花钱的。

记者：成名之后，生活有什么改变，有什么愿望？

刘焕新：我做这些事，不是为了成名。虽然拿了“广东最美街坊”、“惠州好人”等称号，但我也没觉得自己已经成名了，唯一觉得变化的是，认识我的人变多了，有些我不认识的人会主动喊我“老刘”。我今年41岁了，儿子正在读小学二年级，老婆目前失业，我的愿望是努力工作，争取在惠东安家落户，但是我目前的经济条件仅仅够日常家庭开支，所以我就希望全家人身体健康，不要有人生病。

刘焕新再次接受记者采访(罗煜明 摄)

【采访手记】

有一种英雄叫平凡

略显单薄的个头，憨厚的外表，朴实的眼神，是人们看到刘焕新的第一印象。他，是惠东县俊鹏公交公司的一名普通司机。他不是警察也不是武林高手，但路见不平他毫不犹豫地拔刀相助，除此之外，质朴的他还是一家人追求美好生活的主心骨，好丈夫，好父亲。用他自己的话说，“好事要做”，但是“家庭也要养”。

“来回 20 趟，一天要开 300 公里左右，但这是我的工作，苦点累点不怕，只要我的工作能够得到别人的认可，我就心满意足了！”刘焕新纯朴的话语道出了他的心声，做任何事，就要做到最好。由于开公交车多年，刘焕新把乘客当成了他的朋友，他说每一次出车，就像是帮朋友们把他们载到某个地点，最开心的事是很多乘客也把他当成了朋友，上下车都会和他打个招呼。作为一条单程 15 公里左右的公交线路，刘焕新和他所熟悉的朋友们，经常互相帮助，多次抓过扒窃人员。

“荣誉和赞扬是大家对我的认可，但我自己最重要的任务是养好一个家”。41 岁的刘焕新和许多初入惠东的外来工一样，30 岁之后才找到了对象，结了婚之后还得租房住，多年来最常穿的总是工服，最朴实的愿望是一家人不要生病。由于老婆没有工作，小孩正在上学，刘焕新十分珍惜现在的工作，他认为民营企业家也不是那么好当，所以他在公司内从不向老总提出要享受与其他员工不一样的待遇。

2013 年，主办方对荣获“广东省十大最美街坊”称号刘焕新给出的评价是：“他路见不平，智斗劫匪；危难时刻，一马当先。以正义为矛，

刘焕新在自己的公交车旁（陈辉 摄）

以勇气当盾，公交司机刘焕新绝不向邪恶势力低头。英雄多自平民出，刘焕新的义举再次向社会昭示：任时代更替，人性的良善从不会泯灭，爱和责任长存心间。”对于这一评价，刘焕新显得有点不好意思，他说：“我能够做的好事，很多公交司机也会做，只不过是我做的那一次，恰巧被大家知道罢了。”

采写：南都记者 罗煜明

卡洛斯：委内瑞拉富二代跳江救人

【致敬词】

这是一场跨越肤色和语言的救助。危急时刻，一勇当先。跳水救人的瞬间，不需思考的瞬间，也是人性之美绽放的瞬间。卡洛斯的故事告诉我们：异国没有乡愁，羊城街坊最亲！

卡洛斯（冯宙锋、刘禹扬 摄）

卡洛斯，委内瑞拉人，今年 25 岁。2012 年 3 月来到广州，居住在滨江东的一个小区里。他在南方大厦一带收购电子产品配件，然后再出口回委内瑞拉。卡洛斯喜欢旅游，去过的中国城市多过委内瑞拉的城市。他不懂中文，却说自己熟悉中国超过委内瑞拉。

9 月 27 日凌晨，一名女子跳入珠江。委内瑞拉青年卡洛斯乘坐出租车正巧路经该地，听到女子的呼救后，他跳入江中救人。最终，该名女子被成功救起。卡洛斯获得由广州市人民政府颁发的“见义勇为”荣誉证书。

这是他第一次救人

卡洛斯今年 24 岁，一年半前，他从委内瑞拉来到中国，从叔叔手中接过了家族生意，在南方大厦一带收购电子配件，再出口到委内瑞拉。在中国，他去了很多地方旅行，他说自己对中国城市的了解比对自己国家了解还多，这也是他第一次救人。

9 月 27 日凌晨，他刚结束一场朋友聚会，乘坐一辆出租车回家。在人民桥南侧的滨江路上，出租车因为红灯停了下来。“车一停，我就看到一个姑娘在岸边呼救，我不知道她在喊什么，但我觉得她需要帮助。”卡洛斯跟司机说“等我一下，我看一下”，就下了车。

当时有想过她是一个骗子

江边只有一位冲他比划着求助的姑娘，“她说她妹妹在河里，我看了一下，什么也没看到。但她看起来很焦急，我又看了一下，还是什么都没看到”。卡洛斯说自己可能看多了电影，当时想这是一个骗子。但姑娘显得确实需要帮助，于是卡洛斯决定下河看看。

“我把手机交给旁边走过来的一个男人，脱了鞋。本来想头朝下跳下去的，但犹豫了一下还是头朝上让脚先入水。”卡洛斯说自己的家乡有很多海滩，他很小的时候就学会了游泳，常常跟同伴们游出海，绕海岛一圈之后再回来。“我没有学过水中救援，但我曾经在海里帮助过抽筋的朋友，所以有经验。”

卡洛斯在讲述他用救生圈把落水女子救上来的经过（黎湛均 摄）

卡洛斯跳入水中后，睁着眼睛在水里寻找。“但我什么也看不见，我也不知在下面寻找了多久，可能一两分钟吧，我的手碰到了一件衣服。”随后，卡洛斯抓住了跳水姑娘的手臂。“我把她抬出水面，她当时已经昏迷了，我按压她的腹部，她吐出不少水。随后，在岸上路过市民的帮助下，跳水姑娘与卡洛斯顺利上岸。

在委内瑞拉的父母为儿子骄傲

“我全身都湿透了，钱包也湿了，出租车司机还没有走。当我递给他湿漉漉的钱时，他笑着摇了摇头，说不要。”卡洛斯赢得了周围市民的赞美，有人给他买来啤酒、花生。“我跟很多人一起庆祝，聊天聊到清晨5点。”

卡洛斯救人之后，他远在委内瑞拉的父母说会以儿子为骄傲。但他的中国朋友则无不担心地说，“你疯了吧，你知道之前有人在里面淹死吗？离家这么远，万一出事怎么办？”卡洛斯耸耸肩，他说当时没想这么多，只是觉得岸上那个姑娘需要帮助。

救人后第三天，被救姑娘一家人找到卡洛斯道谢。“她不愿提她为什么跳江，但她现在应该生活得很好了。在微信上，能经常看到她发的自拍图，她身后的风景都很美丽，她应该去了很多地方旅行。”卡洛斯笑着说道。

【对话】

“只是顺手帮别人一个忙而已”

记者：这是你第一次救人吗？

卡洛斯：是的，以前从未有过这样的经历。

记者：水下救人是很危险的，你受过这方面的培训吗？

卡洛斯：没有。虽然我家外面就有很长的海滩，我从小就会游泳。但没有系统地学习过水下救人。不过我跟我的朋友们在海里游泳的时候，有遇到过朋友抽筋的情况，我知道如何帮助他回到岸边。

记者：下水前你并没有看到江里有人，为什么还是选择跳了下去？

卡洛斯：我仔细往江面看了两次，都没有看到江里有人。我也想过也许岸上那个姑娘是个骗子，但她看起来真的很着急，所以我就跳下去了。

记者：救人之后你的生活有什么变化吗？

卡洛斯：很多不认识的人都会给我打招呼，说“嗨，卡洛斯”，现在南方大厦一带好像很多人都认识我了。但不会有什么太大的变化，我还是像以前一样生活，平时上班，有假期的时候去旅游。

记者：你会觉得这是一件重要的事情吗？

卡洛斯：不会的，只是顺手帮别人一个忙而已，就像别人顺手帮我一个忙一样。我不会觉得这件事重要，但我会很开心能够帮助到那个姑娘。

记者：你喜欢广州吗，喜欢在这里的生活吗？

卡洛斯：我能说一点点普通话，但完全不会说广州话，它太难了。但我很喜欢广州，这里的小吃、风景，都很有意思。

【采访手记】

卡洛斯是委内瑞拉的富二代，他的家族从第三世界国家收购电子产品的配件，然后再转售到其他发达国家。他一个人租住了一套复式的豪宅，紧邻他救人的江堤。

他并不适应中国媒体的采访，甚至没搞清楚为什么在他看来随手帮助人的一件事，会被闹得沸沸扬扬，还惊动了政府。他拿到了广州市政府颁发给他的“见义勇为”奖章。他不拒绝媒体的理由是“反正这是中国的媒体，委内瑞拉看不到”。

跳入珠江救人，是卡洛斯在中国第一次下水。虽然在委内瑞拉经常游泳，但来到中国之后，他从未下过水。他说自己都没想到会以这样的方式与珠江亲密接触。救人当晚回家后，卡洛斯把身上的衣裤脱了放在沙发上。第二天衣服干了之后，起了一层硬壳。他至今都不明白为什么珠江的水会这样脏，但说如果还有人掉入珠江，他也会毫不犹豫地跳下去。

卡洛斯给人一种亲切的感觉，像大多数外国人一样，幽默，爱开玩笑，有点自大，有点小臭美。但他极有耐心，因为摄像的原因，我们的采访耽误了他一整个下午加晚上，他全程都非常配合。

佩服卡洛斯救人的本领，希望能有更多的人懂得如何在水中施救，然后再跳下水救人。

采写：南都记者 杨希越

邓加天："过路哥"徒手接住六岁坠楼女孩

【致敬词】

这个社会从不缺对真善美的追求，缺的是将内心的善激发出来并付诸实践的勇气。当人们为道德环境、社会风气而忧虑，这些过路群众用看似普普通通的举动彰显着道德张力。他们救起的不仅仅是女孩的性命，更是感动人心的良知。他们并没有比常人高大，但却已经让我们仰望。

邓加天(王卫 摄)

邓加天，41 岁，广东湛江人，现住在广州天河区，是一名火锅店的厨师。

2013年3月22日凌晨零点左右，中山市古镇镇一名独自在家的六岁小女孩晴晴翻过自家阳台栏杆悬吊在半空之中，所幸被附近街坊及时发现，并在落地的瞬间被刚好路过的湛江人邓加天徒手接住。事故发生后，小女孩仅仅是手臂骨折，邓加天却被当场砸晕。

参与此次救援的还有另外七名过路群众。此次救援中，有的奔跑数百米欲破门救人的，有扯开帆布、拨打救援电话的，有主动开车送医院的，有脱下外套包住晴晴的，还有抱起晴晴登上救护车一直陪同到医院的……整个救援虽是自发组织，但分工明确。

伸手接人当场被砸晕

2013年3月21日晚上11点40分和12点左右，在中山市古镇华艺工业区附近一家快餐店打工的谭先生连续两次听到小孩的哭声，但都没找到人。

3月22日零点10分，夹杂着呼救的哭声再次传来。这时，谭先生发现一个光着身子的小女孩坐在快餐店对面六楼阳台的栏杆上，双手扶着栏杆摇摇欲坠。随后谭先生向周围人群呼救，附近群众纷纷赶到现场。

到古镇镇还不到一个星期的邓加天骑着朋友的电动车在镇内熟悉环境，正好经过事发地点。他发现一群街坊正在紧张地往上望，他也抬头张望，居然发现有一名小女孩吊在六楼的阳台外侧，双手抓住阳台栏杆摇摇欲坠。“当时觉得小女孩撑不了多久，就赶紧把车停在路边并走到阳台正下方。”邓加天回忆称，当时街坊们一边大声安慰小女孩，一边也在找能够接住女孩的东西。

一位卖水果的阿姨在附近地上捡起一块帆布，与周围的群众一起扯开帆布，如果晴晴掉下来，就用帆布接住。"孩子在空中翻了个跟头，偏出了帆布的位置，我赶紧下意识地将手伸出去，小孩砸着我左边身体后弹到了帆布上！"刹那之间，晴晴得救了，邓加天却被当场砸晕了。

邓加天讲述事发经过（陈秋明 摄）

被救女孩认恩人做干爹

救援结束后，除了一名街坊护送邓加天与晴晴到古镇人民医院治疗，其他的街坊都不约而同地选择了悄悄离开。"他们有的没有留下姓名，也不知道该怎么联系到他们"，晴晴的妈妈李女士称，她非常希望能够找到那些搭手施救她女儿的人们，她曾想过在事发附近张贴寻人启事，也多次在现场附近走访，希望能找到其他的好心人。"我感谢他们，从心里把他们当成了一家人。"

"当时根本没想那么多，只是想和大家一起救孩子"，皮肤黝黑、身高只有 160 厘米左右的邓加天说，孩子的生命转瞬间就会有危险，容不得他考虑太多。"参与救人的不止我一个，我只是做了力所能及的事情。"在医院期间，晴晴将自己的救命恩人邓加天认做干爹。晴晴的妈妈李女士称，孩子的第二次生命是他给的。

救人事件发生后，古镇镇联合多家媒体到事发地段寻找参与救人的群众。2013 年 3 月 28 日，参与自发救援坠楼六岁女童晴晴的八名群众来到古镇镇社区学院，而除此八人之外，仍有几名参与救人的群众无法联系到。

获救后的晴晴学会了关心人

因为工作原因，邓加天在 2013 年 5 月离开古镇前往广州发展。2014 年 1 月 2 日中午，邓加天在古镇某灯饰门市部见到了他想念已久的干女儿晴晴。“爸爸，你怎么那么久没来看我？”当邓加天刚出现在晴晴的视野中时，晴晴便扑向邓加天的怀抱。面对晴晴天真的眼神，邓加天显得有些局促，“爸爸工作忙。”邓加天说，很久未见到晴晴确实有工作的原因，但更多的是因为事情已经过去很久，他不想让晴晴再过多想起坠楼的事情，“不想让她有阴影。”

而据晴晴的妈妈李女士介绍，坠楼的事情确实对晴晴的心理造成过一些影响，但如今，晴晴已经逐渐淡忘了痛苦的过程，她唯一念念不忘的事情是:“爸爸救了我”。同时，在经历了坠楼事件后，晴晴也变得懂事很多，“学会了关心人”。

李女士说，前一段时间自己得了重感冒，晴晴的举动让她感到特别的温暖。“当我从学校把她接回家以后，身上便再也没有一点力气，只能躺在床上”，李女士说，此时的晴晴却提出自己还没吃饭。“我只好告诉她自己生病了，希望她能自己去买些吃的”，在得知妈妈生病后，晴晴并没有着急去吃东西，反而是守在妈妈身边。就在此时，李女士的朋友打电话过来，情急之下的晴晴接过电话就对着电话大声喊：“阿姨，快来救救我妈妈，妈妈生病了，快要死了，快来救救我妈妈……"李女士告诉记者，晴晴的这一举动让她感动得热泪盈眶。

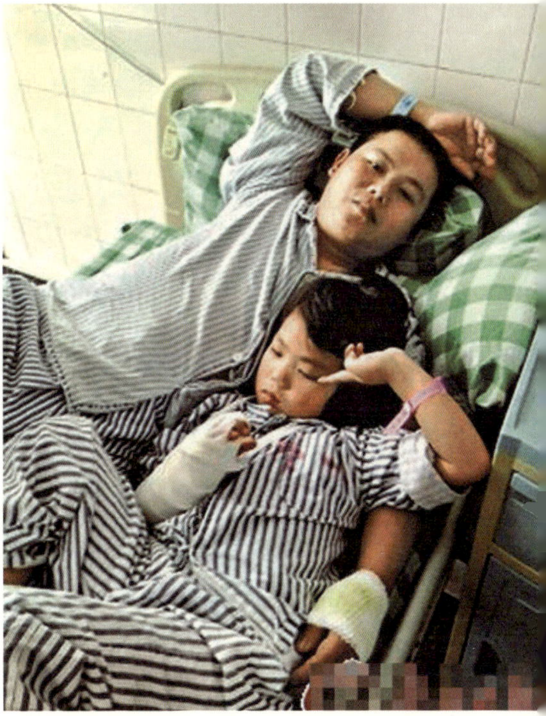
邓加天与获救女孩住在同一家医院（王卫 摄）

【对话】

这次救人让我多了个女儿

女孩获救后认邓加天为干爹

记者：是什么力量促使你在那种情况下伸手去接坠楼的小女孩？没有想过后果吗？

邓加天：那个时候根本不允许我想那么多，从发现晴晴，到她坠楼只有短短的两三分钟。特别是晴晴往下坠时，我发现她的坠落轨迹偏离了我们扯帆布的位置。所以我就下意识地往后退了一下，然后伸出手。

记者：这次救人经历给你带来了什么样的变化？

邓加天：我没想到一个下意识的救人举动会让那么多人关注到我，在我受伤住院时，很多人对我表达了关心，这让我很感动，另外最大的变化，还是我多了个女儿，很懂事的孩子。

记者：有什么话想对女儿说吗？

邓加天：她现在已经读小学了，成绩也不错。我希望她能够继续努力，将来考上大学。同时，我更希望她能将过去的事情（坠楼事件）忘掉，在未来的日子里好好工作，好好生活，做一个知足而快乐的人。

记者：未来有什么打算吗？

邓加天：我现在在一个朋友的火锅店做厨师，生意很好，每个月的工资至少有5000元，生活上可以说是很不错。但是我仍然想有朝一日能开一家自己的火锅店，希望这一天早日到来。

【采访手记】

事发一年后，他时常会回去看看

事发后至今将近一年的时间，除了邓加天因为工作原因前往广州以外，其他的街坊仍然在原来的岗位上默默工作。"没什么变化，也从来没有想过会有什么变化。"这是他们对记者说过的最多的一句话，也是让人印象最为深刻的一句话。

2014 年 1 月 2 日上午，邓加天再次来到事发现场。"我虽然在古镇时间不久，但通过救援事件之后，我已经与古镇的街坊们建立了很深厚的感情。"邓加天说，再次来到古镇有两个原因：一是想找找当时一起救孩子的街坊聊聊天，看看他们的近况；二是想看看自己的干女儿晴晴。

在事发现场附近，邓加天找到了和自己一起参与救援的几名街坊。"如果再给我一次选择，我还是会救。"面对许久不见的街坊，邓加天说，救人是一种本能，抬手相接是一种下意识的举动，相信很多人都会选择挺身而出。

廖冬全是一家灯饰厂的保安。因为天太黑，他拿起平时使用的手电筒准确锁定了晴晴的位置，为扯开帆布的街坊创造条件。而当晴晴坠落的那一刻，他扔下手电筒奔向救援街坊们所在的位置；附近一家超市内勤曹贤河两只手加在一起只有四根手指，虽是如此，他仍旧加入到扯帆布的队伍中。"那个时候想的只是如何能够救到小孩子，根本想不了太多。"

"作为一个普通的路人，我感谢那些和我一起参与救援的人，是他们的努力挽救了一个生命。"邓加天说。现在作为晴晴的干爹，他更应该感谢他们，是他们完美的救援让自己多了一个那么可爱的女儿。

采写：南都记者　王　卫

黄广现夫妇：公交车上的反扒“夫妻档”

【致敬词】

平凡夫妇，搭档谋生。揾食艰难，不失血气之勇；同仇敌忾，更显夫妻深情。当人心麻木了，他们用强心针注入良知，让社会反思，让正气无敌。

黄广现、李玉凤夫妇(冯宙锋、刘禹扬 摄)

黄广现，1977 年生，广东阳江人，东莞市 106 路公交车司机。李玉凤，湖南零陵地区蓝山县人，106 路公交车售票员。夫妻俩在东莞工作超过十年，目前在东莞樟木头镇安家。

已经两个多月没有摸过公交车的方向盘，黄广现感觉自己闲得浑身都快发霉了。从来没有休过如此长假期的他，最近一见妻子李玉凤下班就会主动问问公司里发生的各种碎末小事。

2013年10月14日，公交车售票员李玉凤因一而再地提醒乘客，而坏了车上两个扒手的“好事”，结果遭到扒手的报复被匕首割伤手部，既是李玉凤的丈夫又是106路公交车司机的黄广现立刻上前帮忙，结果在制服其中一个小偷时，被歹徒刺伤手臂。公交车上这对反扒夫妻的故事，一时间在东莞被传为佳话。

夫妻两人勇斗扒手

来自广东阳江的黄广现是东莞市106路公交车的一名老司机，妻子李玉凤则是车上的售票员。据李玉凤回忆，10月14日那天下午两点多，当黄广现驾驶的公交车行驶到东莞市东城区榴花南站附近时，一个40多岁的中年扒手挤向一名坐在窗边的女乘客，旁边另一个年轻扒手趁机将手伸向女乘客的提包。

这一幕正好被售票员李玉凤看到，“刚上车的买票了！”李玉凤边喊边走到女乘客身边，并用脚踢了一下她的小腿，女乘客低头正好看到盗窃的一幕，吓得立刻跑到车厢前部躲避扒手。嚣张的小偷很快又将目标转移到一名正呼呼大睡的男乘客身上。年轻扒手用刀片在男乘客的牛仔裤上划开一道豁口，虽然车上好几名乘客看到他们的行为，却无一人吱声。就在黑衣男子准备将手伸向男乘客时，李玉凤装着打开男乘客位置前方的车窗，在男乘客耳边大声喊了句“榴花南到了，赶紧下车了”，该乘客立刻被惊醒，看到有人偷东西，本能地推了对方一把。

谁知两个小偷眼见扒窃行为暴露，干脆殴打起这名男乘客，并准备抢走其口袋里的财物。看不过眼的李玉凤立刻仗义说了句：“偷不到东西还要打人，太过分了！我报警了。”李玉凤话音刚落，中年扒手反手甩了她一个耳光，并掏出匕首向她捅来，李玉凤的手掌当场被刺伤。

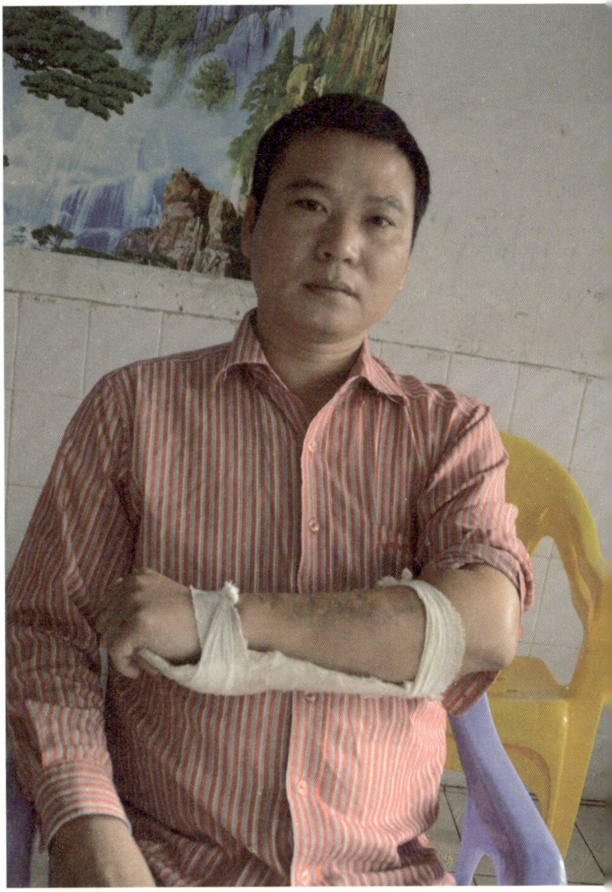

事发后经过半个多月的治疗，黄广现的手臂上仍打着石膏，拇指仍不能随意动弹（冯宙锋、刘禹扬 摄）

扒手伤人后，还嚣张地挥舞着匕首威胁车上的乘客，刚将车停稳的黄广现立刻冲上前，一把将拿匕首的扒手摁倒在地，试图抢夺匕首。谁知另一个扒手将黄广现一把从身后抱住，躺在地上的中年扒手脱身后，立刻挥起匕首朝黄广现腹部刺去，危急之时，黄广现伸手去挡，手臂顿时被割开一条20多厘米长的伤口，伤人后两个小偷立刻下车逃走。事后黄广现的手部缝了20多针，手臂上连接拇指的手筋被割断，所幸手术后已经接好。李玉凤手掌也缝了6针。

一份理解的感动

“钱是那么容易赚的？上来偷不到就抢，当我们卖票的人和司机是死人啊？不过当我把那个拿匕首的按在地上的时候，只要有一个乘客上来帮我，我就不会受伤了。”事发后没多久，黄广现接受记者采访时说，他想起当天的事情心里仍有些不舒服。在他看来，小偷就两个人，当时车上有20多名乘客，其中有一大半是男乘客，他怎么也想不到最后竟没有一个人帮忙，不理解为什么会这样。

就在事情发生后没多久，先前被扒手盯上的乘客周小姐称，她很感激售票员的提醒，让她避免了被偷，对于自己在后来没能上前帮忙，她也感到很内疚，她愿意为黄广现、李玉凤夫妻俩作证，两人的行为很勇敢。

李玉凤说，自从他们的事情被媒体报道后，现在她上班经常会发现，有乘坐106路车的乘客会专门等着要乘坐她在的那趟车，其中一位男乘客让她印象特别深刻。“他专门在樟木头车站等着我那趟车，一上车就问我我老公现在的伤情怎么样。他说那天斗小偷的时候他也在车上，我听了就很生气，不想跟他说话，他就老是笑嘻嘻地跟我搭着话。”李玉凤说，这名乘客称自己经过那天的事后，因为当时没能站出来帮忙内疚了一个星期，每天都睡不好，希望能够帮他们做点什么。李玉凤说，对于这名男乘客的好意，她内心里还是感到很温暖的。

黄广现称，事发后他每天都要接很多电话，除了女儿的关心电话外，同事、公司领导、朋友，还有一些熟悉的乘客都会打电话来问候他的伤情，就连采访他的媒体也来了好几拨。“社会上还是好人多，邪恶始终压不过正能量。”

休息久了想上班了

黄广现夫妇在公交车上(陈辉　摄)

记者再次见到黄广现时，他说后来仔细想了想，不能怪车上的任一个乘客，制止小偷行窃是他们的本分，因为他是公交车司机，老婆是售票员。“当时小偷拿着刀，他们怕是情有可原的，我们不能用太高的标准去要求每一个人。”

“当时小偷拿着刀，看着怕，虽然我很想上去帮忙，但是就是没有勇气出手。”受助乘客刘先生也称，自己当时也是有心无力，事后他的内心十分愧疚。记者了解到，刘先生曾好几次专门在106路公交车停靠的车站等待李玉凤值班的车次，多次向她道歉并打听黄广现的近况。李玉凤说，起初她心里也很气愤，后来便慢慢原谅了刘先生等人，事后看到刘先生专程向她道歉，甚至找来媒体帮助他们解决医药费的问题，她心里其实还是很感激刘先生。

据了解，2013年底，黄广现夫妻获得了东莞市的见义勇为奖励，当初在公交车上作案的两个小偷也先后被东莞警方抓捕归案。

“以前每天太累，天天想着休息，这回休息了这么久反而想要上班了。”如今，黄广现的伤势恢复良好，他说，今后小偷最好不要上他的车，不然他们发现了肯定会喊，不会让小偷轻易得手。

【对话】

女儿眼里爸爸是英雄

黄广现斗小偷的事迹经过《南方都市报》报道后，一时间黄广现成为了明星人物，省市多家媒体对他进行了采访。“记者同志，我想问问，假如我以后买一根电棍放在公交车座位下面防身，这样是否违法？”见到记者时，黄广现问了一个有趣的问题，由此我们聊了起来：

“有点担心小偷报复”

记者：那件事情过后有很多媒体采访过你吧？有没有给你造成什么困扰？

黄广现：别说了，搞得我一个小司机像个大明星一样，其实也不是什么大不了的事情。

记者：刚刚你为什么要问放电棍是否违法？

黄广现（摸了摸受伤的手臂）：心里还是有点担心小偷再来找我，想买点东西今后防身。

记者：你怎么看当天在你车上没有帮你的那些乘客？

黄广现：一点都不怪他们，小偷拿刀了，他们怕这情有可原。

（说到这个话题时，一旁的妻子李玉凤插了句话）

李玉凤：就是当时很气愤，我老公受伤后，我责怪了那个被偷的男乘客一句，我说“你这个靓仔，我们都在帮你，你这么没良心，自己在旁边看着不帮忙”。

黄广现（笑了笑）：其实也不怪他，他年纪还小，跟我大女儿差不多大，而且他也刚刚被小偷打了，怕也是可以理解的。

黄广现、李玉凤夫妇获颁“广东十大最美街坊”（冯宙锋、刘禹扬 摄）

女儿眼里爸爸是英雄

记者：听介绍你们有几个孩子，你女儿知道斗小偷受伤的事情后有什么反应？

李玉凤：知道后天天打电话问她爸爸手怎么样了，刚开始还担心她爸爸今后能不能开车，后来干脆老跟朋友吹牛她爸爸是英雄。

记者：你当公交车司机已经五六年了，除了这一次，你以前有跟小偷发生过打斗或者矛盾吗？

黄广现：有过几次，不过都没这次这么厉害，一般情况下，小偷偷了东西被发现都会罢手的。去年12月的时候，在高埗一个小偷在车上把乘客的手机偷了，我看到后逼着小偷交出手机还给乘客。

记者：平时你开车经常遇到小偷吗？一般遇到小偷，你们作为司机怎么办？

黄广现：最近两年好一些了，但是还是很多。就是因为有些人不敢说话，所以导致小偷越来越猖狂，只要每个公交车司机碰到这种事情都吼上两句，小偷肯定就不敢这么嚣张了。像有些人曾经在车上偷过东西我们都会有印象，再加上小偷上车后的行为举止跟正常乘客完全不一样，所以我们有时一看就知道谁是小偷。平时见到小偷在车站，我要么就不停车。有时候看到小偷准备上车，我会直接叫他滚下车。看到小偷偷东西，一般会用报站器提醒乘客小心扒手、不要睡觉等，有时候看到小偷要下手时会突然加速然后急刹一下车。有一次急刹车，结果一个正偷东西的小偷手一歪一刀片把一位乘客的屁股给割了一刀。

记者：你这样急刹车，不知情的乘客不是会骂你？

黄广现：反正我们开车的要和气点，平时跑车，虽然大部分乘客是讲理的，但是有个别乘客，你开慢了，会骂，你刹急了，也会骂，有时候没到站台不停车，也要骂，做服务业受气是正常的，反正经常挨骂，多骂我一下没关系，只要（乘客）东西不掉就好了。

看到丈夫动手术方感后怕

记者：你们老是破坏小偷的“好事”，难道就不怕小偷报复？

黄广现：这点我佩服我的对班司机李震华，他剃了个光头，看起来很强壮，平时老是说三四个小偷都别想搞定我，只要看到有小偷想上车他都会直接骂。去年四五月的时候，在石排一辆假牌的皇冠车就停在我们的车前面，下车后几个男的就拿着钢管砸了车玻璃，李震华的头还被玻璃割伤了，案子一直没破，我们当时就怀疑是小偷报复我们。

（这时一旁另一位106路车的女售票员插话）

同事：有一次我说了几句小偷，结果被那小偷打了一巴掌，看没人帮忙，我再也不敢管了。一般只有看不过眼了才会与小偷动手。

记者：你这次这样冒险难道不怕受伤家里人担心啊？

李玉凤：当时我们什么都没多想，后来他动手术的时候我才怕了，要是那刀不是捅到手，是捅到头或者肚子怎么办？

记者：你伤好后，再碰到类似这次这样的事情还会管吗？

黄广现：只要小偷明抢我肯定管，暗扒我不知道就没办法，一般扒手被发现了我说下就会下车的。我觉得没什么好怕的，邪不能压正，我这人就是这个性格，看不得别人那么辛苦赚到的钱被偷了抢了。

黄广现在驾驶的公交车上（冯宙锋、刘禹扬 摄）

【采访手记】

由于管理结构的先天不足，跨镇公交车治安问题一直是东莞治安的一个黑点，而黄广现、李玉凤夫妻驾驶的106路公交车如同一汪清水注入了这个每天在城市间穿梭的团体。其实在106路公交车上见义勇为，黄广现、李玉凤夫妇不是首例，2011年2月22日下午3时许，黄广现的对班司机李震华驾车行驶到东莞石碣桔州路段时发现三个小偷对一熟睡乘客刘某行窃，李震华先是不停地猛按公交车的喇叭，试图警醒刘某，但刘某依然呼呼大睡。随后，李震华见到路面前方有一条减速带，立刻踩下油门冲过减速带，试图颠醒刘某，但刘某依然未醒。见到小偷已经用刀片在刘某挎包上划了几道豁口伸手进去掏弄着，李震华终于忍不住将车停在路边，然后起身呵斥小偷，谁知三个小偷不但未逃走反而将驾驶室围住，掏出二三十厘米长的水果刀和刀片与李震华发生打斗，李震华手指在打斗中受伤。

人们常说物以类聚，人以群分，这一次黄广现、李玉凤夫妻的出手可以说并不意外，据今年36岁的黄广现称，他和李震华搭档已经五六年了，两人的关系非常铁。在接触两人时，虽然一个来自阳江，一个来自湖南，但是两人的身上都有着一股说不出的豪爽。李震华说，对待小偷没什么好害怕，你越怕小偷越嚣张，他最看不惯那些小偷不劳而获。黄广现说，怕是理所当然，但是他的心里始终相信邪不压正，人赚钱应该踏踏实实的，不能靠偷靠抢，每个人的钱都是辛苦赚来的，在他的车上他不想在小偷的眼里他们如同“死人”一样被忽略。

勿以善小而不为，勿以恶小而为之。新时代背景下，黄广现、李玉凤夫妻的这种正气也正是我们所需要的，当有人需要帮助的时候，你不伸手我不伸手，慢慢的伸手的人会越来越少；当危难来临时，相信只要我们主动出手，后面一定会有更多的人接踵而至，大家同心协力，这个世界的明天一定会更加美好。

采写：南都记者 黄超

黄广现、李玉凤夫妇

梁富祥："奥迪哥"跳水救起溺水父子

【致敬词】

他只是驾车路过，可以选择不下车、可以选择不援救，但他不假思索，停车、下水、救人。富而有道，祥庇一方。老板梁富祥一句"有能力不救，心里不舒服"道出：不论贫富贵贱，行善乃人之本能。

梁富祥（冯宙锋、刘海韵 摄）

梁富祥，顺德勒流黄连村人，57 岁。经营五金塑料厂 20 年。经常参加村里慈善敬老活动等，2012 年 8 月 17 日早上，在黄连水闸下救起一对溺水父子，经媒体报道后，被评为 2012 年“广东十大最美街坊”。后该事迹又被顺德区确定为“见义勇为”行为。

大光头、粗金链、声如洪钟、魁梧结实，“奥迪哥”梁富祥乍一看有点吓人，但其实却有着一副菩萨心肠。2012 年 8 月 17 日早上，他一人从黄连水闸下“一拖二”救起一对溺水父子。他说：“如果不救，躺在床上心里都不会舒服！”

金链手表都来不及脱

梁富祥是土生土长的黄连人，经营一家五金塑料厂。“你别看他有个肚腩，跑步游泳你未必能赢他。”对于村民来说，梁富祥最大特色还是脖子上的粗大金链。“他戴了二三十年了，村里人都戏笑他‘巴巴闭’。”这条金链在救人当天也没来得及脱下，甚至有人称他为“金链哥”。又因为他开一辆奥迪，也有人叫他“奥迪哥”。

17 日上午 11 时 15 分，梁富祥正开车回厂，在黄连水闸附近的路上，他见到一个女人两只手不停地上下挥动，口里在喊着什么。因为他不太会听普通话，只能回头看看什么事，“听她喊大概是救命的意思，我再看看，水里面就只有一只手伸了出来”。

梁富祥马上冲下车，一边脱衣服一边往堤下跑。“那时大人估计沉到水里去了，就只看到小孩的手，我连手表、金链都还没来得及脱。由于堤边太滑，只好跑到埠头，从埠头游到河中心。”他回忆，当时这对父子离岸边还有三米多，正处水中央，他游到两人身边，直接就抓住露出水面的手，之后才发现男孩的父亲在水底用手将男孩举起，他干脆“一拖二”，一把抓住小孩的手，用力往岸边扯。“水太深了，整个过程脚都碰不到河底，来到堤边发现太多青苔上不去，又扯到埠头，”他说，“拉到一半我也喘不过气来，只好缓一缓再深吸一口气，再用力拉。”梁富祥将两人拉到埠头时，

顺德勒流黄连村的梁富祥，开车途经黄连水闸附近时听到有人大喊"救命"，立即停车，跳入近10米深的水里，将一对溺水的父子救起。（郑俊彬、宋文辉 摄）

岸上的人才向他递过一根不锈钢管。

脱险后，他才发现孩子只有十岁大，但眼睛紧闭，早已昏迷，"我和一个工人压他的肚子，十来分钟就醒来了。"而孩子的父亲也是躺在了埠头昏过去，"没理他，以为他死了，先救了孩子再说，躺了半个小时，大人就醒过来了。"

曾是村里赛艇好手

“以前村里赛艇，我拿第一的。”梁富祥自豪地说，自小在草艇上割草喂鱼，水性不错，每天晚上也会到水闸旁跑步、游泳。“当时把人救了，自己也喘不过气，人家问我怎么不留个电话，我当时是气都来不及喘。”他估计孩子体重约 60 斤，父亲 120 斤左右。

事后，梁富祥才发现对方原来是一家四口，“两辆自行车，都不知怎么掉下去的。”女事主当时还掏出 100 元跪在地上。“我跑着走开了。”但之后他想找回这一家四口也找不到了。

附近工厂的工人还回忆，这对父子被救起来后，父子两人向梁富祥磕头答谢。

黄连社区居委会更是号召村民向梁富祥学习，并向勒流街道汇报其事迹。将梁富祥作为社区的学习对象，黄连社区党总支部副书记萧庆祥认为有特殊意义：“现在看到有阿婆跌了都不敢去扶，但梁富祥想都不想，一救就救两个。”梁富祥自己也说，当时岸上人也不少，但只有他下去救，“我不会怕，岸上那么多人作证，不过一次救两个，不是谁都敢，担心会把自己的命也搭上去了。”

“回到家，儿子也赞我够勇敢，老婆则说，救人一命胜造七级浮屠。现在更厉害，十四级。”梁富祥笑称。而回想事件，梁富祥批评社区水利会的监控设施不力，“那天我一看，人都在水里了，监控都看不到，只看到水波在动！”他说之后会要求水利会在水坝附近增添栏杆，“2011 年也是在这里，淹死了一个 11 岁男孩。”

"救到人最开心"

在 2012 年 11 月 29 日的"广东十大最美街坊"颁奖现场，喜欢"语出惊人"的梁富祥，在播出的视频短片中第一句话就是："其实我是一个好人。"他在短片中说，他办厂 20 年，事业发展不错。他还透露，当时救人上岸后，他休息了足足四个小时，"因为当时救人太辛苦了"。

主持人陈扬问他，"给你三个选择，赚到钱，救人，拿到奖，哪一种你最开心？"他脱口而出，"救到人最开心。"

陈扬调侃说，广东有一句话说，"大肚子的人没良心"，你以自己经历告诉大家，老板很有钱，有金项链，但更有爱心，让我们打破了对有钱人的歧视和偏见！而组委会写给他的颁奖词是，"富而有道，祥庇一方"。

"一拖二"的救人事件，还被顺德区确认为"见义勇为"，区、镇、村三级政府都给予他奖励。不过，在黄连村举行的奖励现场，拍过照之后，三封"利是"他看都没看，直接交给工作人员，要求发给村里的"五保户"。"他就是这样的人，救人不图什么，以前是这样，以后也是。"儿子梁顺程说。

【对话】

“爸爸有一副热心肠”

2014 年 1 月 22 日，在梁富祥位于黄连社区的工厂，记者对其儿子梁顺程进行了采访，梁顺程谈到了自己眼中的父亲。

记者：在你眼中，爸爸是怎样一个人?

梁顺程:他是个好人,敢于担当。他的样子看上去有些凶,但心地善良。一直以来，他对村里老人家都比较孝敬，每年黄连北头村梁氏宗祠开庙会，他都会募捐，此外重阳节等村里办村宴，他二话不说，都要尽力赞助。

记者：他平常怎样教育你们?

梁顺程：他教我们，出来做生意，不要想走捷径，要踏踏实实。他还教育我们不要欺负人家，当然也不要被人家欺负。

记者:为什么那天在现场，岸上的人也不少，就你爸爸一个人跳下去?

梁顺程：爸爸下水救人，在我理解，也不算惊天动地，只能说是刚好发生在我爸爸身边了。当时现场有许多人，但我还是相信，即使我爸爸不去救，总有人会去救的。就像他事后说的，感觉心里都舒服了，两条人命啊！至于我爸爸为什么想都没想，直接跳下去救人，我认为他一直是这样的：他有一副热心肠。

记者：在你身边，你感觉街坊之间感情是怎样的?

梁顺程：社会还是美好的，在我身边，有许多需要帮助的人，也有许多想去帮助别人的人。当然我觉得人与人之间，主要是把自己做好就可以了，不能要求别人怎么样。

【采访手记】

再见"奥迪哥"，洒脱依然

2013年1月22日早上，在黄连社区再次见到"奥迪哥"梁富祥，他依然一个标志性的大光头，走路迅速，说话声如洪钟。走在黄连社区的大道上，不时有相熟的街坊迎面而来，简单打声招呼，他又抬脚往前走。

他每天生活都极有规律。侄子梁顺文介绍，他每天早上都会去游泳，不管刮风下雨，然后回自己的五金塑料厂看看。现在，他把有几十名工人的工厂交给儿子梁顺程，让儿子和侄子梁顺文等人一起打理，只有涉及大的决策才会亲自过问。"不过，我伯父还是很勤快的！"梁顺文打趣说，有时工厂很忙，需要半夜开工，伯父凌晨三四点钟就起床，来到现场。

梁富祥和妻子都喜欢养动物。大概两年前，他在大良买回一条高加索犬，养在院子里，每天照料得很仔细。"都是在农村长大的，不像在城里那么休闲。"说到这些"小爱好"，他如此自嘲。

在侄儿和一帮工人眼中，他性格开朗，为人洒脱。侄儿梁顺文一直喊他"富哥"，这让不太熟悉的人感觉有些诧异，不过梁顺文说这很自然，"辈分肯定是很重要的，只是因为他性格随和，大家在一起轻轻松松。"

救起那对父子已经一年了，他并没有刻意去回忆这件事，不过，聊天时他也偶尔会流露一点遗憾：那之后再未和那对父子取得过联系。他还提到事发后的一周，黄连社区居委会大概是想找这对父子，宣传一下救人事迹，就在橱窗里贴了告示，希望被救父子能露面，但最终还是未露面。"其实我伯父不会图什么，他就是想知道这个家庭的近况，仅此而已。"梁顺文说。

采写：南都记者 陈万如 吴曦

温情邻里　大爱无声

欧婆婆："诚信报贩"相信人心本善

【致敬词】

"人而无信，不知其可也"。自设投币箱的报亭主人，至诚至信，坦坦荡荡；自觉投币的广州街坊，以诚换诚，以信获信。13年诚信互换，小小报刊亭洋溢着人们立世之本的道德光辉。

拿到新钱箱的欧婆婆(钟锐钧 摄)

欧祥妹婆婆，广州人，年过七旬，现居住在广州市荔湾区。

广州荔湾区的南岸路上，曾有这样一个报刊亭。那里时常佛音缭绕，摆放着数量不多的报刊书籍，还有一个棕红色的木箱贴着“档主有事离开，购报请自觉投币”的字样。市民只需要把钱投入木箱，便可取走需要的刊物。

报刊亭主人是年过七旬的欧祥妹婆婆。欧婆婆 15 年前退休后，不安于退休生活，便租起档口卖报。为了在回家拿饭或上洗手间的空当不怠慢客人，她想到了设一个自觉投币箱，让过路的市民随时都能买到心仪的读物。

敏感的媒体发现这个投币箱并报道后，引来了街坊的热议。这个投币箱也一度被誉为诚信“试金石”。2012 年 10 月中旬，钱箱失窃后，不少热心市民来到欧婆婆的报摊前帮忙，送钱补贴，重造新钱箱。

“我信人，虽然曾被骗过”

欧婆婆名叫欧祥妹，是地地道道的广州人，年轻时嫁到了湖北，独自一人在异乡 23 年，含辛茹苦养大六个孩子。1984 年，她终于回到广州，做过清洁工，当过洗碗工，也看过车场，最艰难的时候身兼两职，边当学校的清洁工，边到华南影都值班，为孩子们赚取学费。不知不觉间，她已年届六十，孩子们也踏入社会工作。这时，退休后的她走上了摆摊卖报之路。“人好好”，是婆婆评价他人的常用语。欧婆婆说，她卖报 15 年，早已跟周边的街坊熟稔。投递员蔡先生会帮忙搬报纸、小食店的男员工帮忙拉报亭卷闸……

于是，笑，便成了欧婆婆对人展示的表情。常常把笑容挂在脸上的欧婆婆，乐观开朗又和善，家里种满了花草，顽皮小孩肆意采摘她也不厌烦，

钱箱被盗后，欧婆婆依然乐观，并相信人在做、天在看（梁莹菲、钟锐钧 摄）

碰上有缘人则送上一束通血管的田七草；孩子们送来好吃的水果和零食吃不完，她便喜欢塞到人家手中一起分享。

欧婆婆说，她信人，但其实也曾经被骗。二十几年前，她就曾遭遇迷烟党，在昏头转向的情况下掏出了大部分的家当——2000元钱。从那时起，她开始信佛，一心向善，从此没有再上当受骗了。她还坚信“人欺天不欺”，从不对人发脾气，她说：“你对人好，人对你好！”

也正因为信人，深知自己年纪渐大、身体不佳的欧婆婆担心上洗手间或回家做饭时无人看档、怠慢顾客，便想到设计一个自觉投币箱，让路过的街坊随时能买到心仪的读物。于是，婆婆的小女儿打印了“档主有事离开，购报请自觉投币”的字样贴在小女婿做的棕红色的木钱箱上，它们一直陪伴着欧婆婆和她的报亭。

每天早上，欧婆婆一定摆好自觉投币箱后，再从容开档营业。而不管欧婆婆在不在报亭，许多街坊已习惯把钱投进钱箱，再取走需要的报刊。15年来，“自觉”“守信”已成了报亭的经营特色。

偶有一次，有人不自觉，在她眼皮底下偷走两份娱乐报刊；还有一次，8个女人分别给了8张十元假币，骗走了她72元。“别人叫我骂那些坏人，我不骂，做好自己就行了”，欧婆婆够豁达。看到有的报亭出售地下六合彩，欧婆婆摇摇头说：“钱是赚不完的！”宁愿少赚点，她也不愿去害人。

自觉投币箱失窃牵动全城

2012年10月15日清晨约6时30分，送报员蔡先生一如既往地为欧婆婆送报，却意外地发现报亭左门被打开，门内一片狼藉。接到蔡先生通知后，欧婆婆匆忙赶到，只见报亭里的报刊散落一地，那张印有“档主有事离开，购报请自觉投币”的字样孤零零地躺着，钱箱早已不知所终。

报亭上一周才安上了电灯，左右两门晚间常亮。邻近食店凌晨1点才关门，店员推测小偷应该是半夜来的。“钱箱内大概就几十元”，因为一时疏忽，陪伴13年多的投币箱连钱带箱被人偷走，欧婆婆痛心不已，连连说道：“真的想不到……”

“好多街坊路过都问候我啊，多谢他们。”钱箱连同钱被偷，不少街坊替她忿忿不平，不过欧婆婆说，虽然被盗，她不会不开心，因为有很多人来关心她。为了“答谢”街坊支持，欧婆婆决定做一个全新的钱箱。在南岸路栅外街经营上门收购的一位师傅接下欧婆婆的重制钱箱活儿，二话不说，马上找人借木锯、钉子，花了两三个小时，不收一分钱，把全新的

新箱子做好了，被送欧婆婆手上（钟锐钧 摄）

木箱交到欧婆婆手中，随后骑车离去，他认为，这"只是举手之劳"！

"后来警察抓到小偷了，是个十来岁的少年。"欧婆婆回忆，警察带着小偷来到她面前，"我告诉那个孩子，需要钱可以找婆婆拿，但千万别偷了，不要学坏"。

那次之后，钱箱还遭遇了两次被盗，但欧婆婆说，"我不会骂，也不去追，人在做，天在看，做好自己的本分便足够了"。

5月份婆婆将"复出"卖报纸

2013年9月，有街坊发现，报刊亭里见不到欧婆婆，也见不到自觉投币箱，取而代之的是一名年轻女士。原来，欧婆婆生病后做了一次手术，加上年岁已高，因担心她日晒雨淋，家人让她在家安心养病。

2014年春节前再次探访欧婆婆时，她正在厨房里忙着洗碗。打开大门那一刻，第一眼见到的，是欧婆婆的招牌笑脸，她戴着红色羊毛帽，双颊显得红润。

欧婆婆的屋内柜子上，摆放着因为诚信而获得的各种荣誉奖章，墙壁四周则贴满了儿孙的照片。“这个是我的大儿子，就住在对面马路；这个是我的小儿子，在中山八那边做老师；这是我的外孙好懂事的，出门时会牵着我的手，怕我摔倒，前不久，家里还添了个曾孙。”提及家人，欧婆婆的脸上泛起欣慰的笑容。

欧婆婆说，去年经历了一次手术后，在儿女的相劝下回到了家中休息，现在“看管报刊亭的人是女儿的朋友”。

劳累大半生的她，似乎无法习惯休闲。“在家太无聊了，卖报纸，可以和街坊聊天，也有个精神寄托。”欧婆婆说，“和看报亭的朋友商量了，今年5月份时就把报刊亭拿回来自己看管，朋友也同意了。”“孩子们都怕我辛苦，看报刊亭怎么会辛苦呢，我年轻时干过粗重活的，这点怎么算得上辛苦。”在布满儿孙照片的客厅里，有一张欧婆婆个人的大型相片，照片上的她穿着粉色的旗袍，身后是一排绿叶围墙，她笑着说，“去年女儿带着我出去拍的，在哪里拍我记不住了……孩子们都有各自的家，他们有的在广州，有的住在湖北，周末有空时都会来看我，想念他们的时候，我会拿起照片看一看。”欧婆婆说，最近远在湖北的儿子发来邀请，想接她到湖北过年，“会去的，如果到时住不习惯就早点回来，还是广州好”。

【采访手记】

投币箱没了，诚信依旧在

欧祥妹，一位普通的老广州市民，因为一个自觉投币箱而走入人们的视线。这个不起眼的投币箱也成了广州的诚信"试金石"。"档主有事离开，购报请自觉投币"。这十三个字的提示，1 元 1 份的报纸，试出了广州人诚信的含金量。

曾经有朋友在日本乡村街头见到无人售蔬果档而惊讶不已，而郑州的"无人售馒头"摊点也一度受到网友追捧，当广州欧婆婆的自觉投币箱走进人们视野时，同样引来了关注。他们做的不是大买卖，但却为诚信社会的重新构建，打开了一扇大门。欧婆婆自设投币箱卖报 15 年，街坊间讲个"信"字。这个投币箱曾夜间遭遇盗窃，而在失窃的第二天，无论相熟的还是陌生的街坊纷纷探望欧婆婆，帮她卖报、给她送钱、替她造新钱箱。人与人之间还能否相互信任？欧婆婆肯定地说："没问题！"即使被骗过、投币箱被盗过，欧婆婆一直坚信"很多人都是自觉的"。她的这一份自信，来自于对这座城市品格的信任。

欧婆婆以她的"诚"换来了众人对她的"信"。欲取信他人，必先信人。

在车水马龙的南岸路上，报刊亭依旧在，"诚信在心"的牌匾依旧高挂在亭子内，只是自觉投币箱和那位看报亭的老人家需要暂时休息一下。不管欧婆婆在不在报亭，她所言的"诚信值千金，买卖凭良心"都会被人记住。

采写：南都记者 郑雨楠

胡雁聪：只是尽了本分的“平靓正”医生

【致敬词】

他与病患心连心，是人们心中的“平靓正医生”；他不为金钱利益所惑，是医德的卫道者。杏林春暖，他想病人之所想；悬壶济世，他急病人之所急。银针凭妙手，白衣秉丹心，胡雁聪用高尚的医德医风书写当代医者楷模。

胡雁聪医生（黄皓 摄）

胡雁聪，广东惠阳人，50岁，住在广州荔湾区，现为广州市越秀区儿童医院医生。

儿科医生胡雁聪万万没有想到，他的事迹竟然被编成舞蹈和诗歌，在广州越秀区政府礼堂“十大好人”晚会上演出。他说，他只是做了自己应该做的。

2012 年 7 月，《南方都市报·最美街坊》栏目刊发《呢个医生真系平靓正》一文，引发人们对胡雁聪的广泛关注。同年 8 月，胡雁聪入选为“中国好人榜”诚实守信类候选人；11 月，他当选年度“十大广东最美街坊”；2013 年 10 月，他再度获评为“广州年度十大好人”。

越秀有个毫九纸医生

“强烈推荐给大家，女儿从小在他指导下，少吃药，未打过针……如此医德高尚的医生，真少之又少。”2012 年 6 月，新浪微博网友一条推荐广州越秀区儿童医院门诊西医儿科主治医师胡雁聪的微博，引来上万次转发。

转发者中，不少就是长期找胡雁聪看过病的儿童家长。在很多家长担心小孩会“无病看成有病”的当下，他似乎是个例外。胡雁聪说：“如果小朋友病得不重，我不建议他们吃药。”胡雁聪表示，有时候他会让家长尽量别让小孩子吃药，多喝白开水可能会好得更快。

“没事的，多喝水就好。”这是他工作时对患儿家长讲得最多的一句话。不少家长千里迢迢带小孩到医院，也正是为了听到他这样一句话。

网友 @ 阿三 114 说，三年前儿子因为过敏咳辗转各大小医院，中西医看了足足一年多，花了差不多过万元也未见好转。后来到胡雁聪那看了三次，每次才十元不到，就好了很多。网友 @ 森 _ 哥说：“我称呼他为毫九

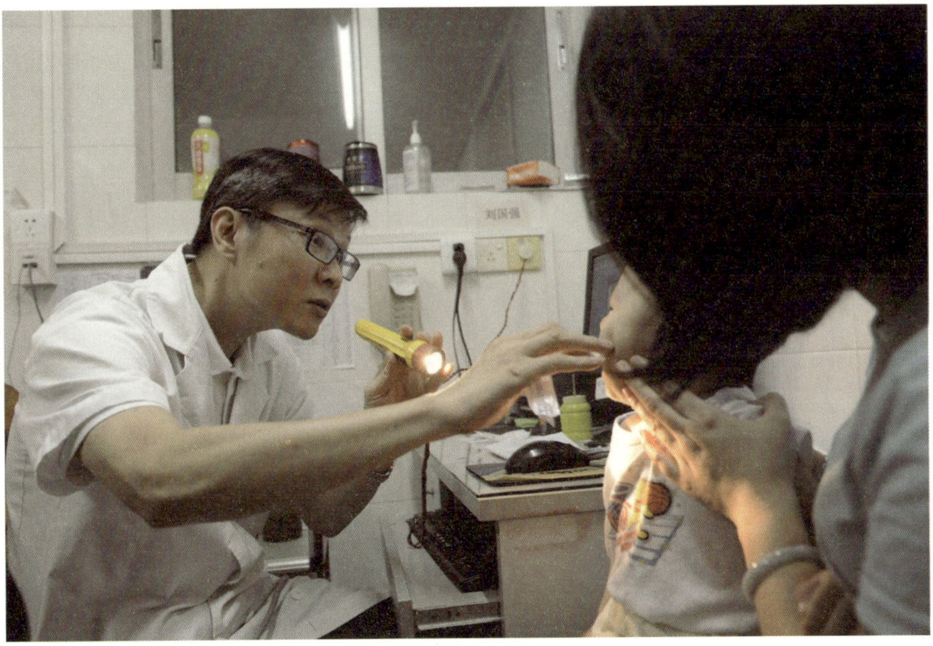

胡雁聪医生正在为病人看病（黄皓 摄）

纸医生，因为他开给我个仔的药只是毫九纸即一角九，是我见到过那么多医生里面最有医德同风骨的一位，比 panda 还要珍贵。”

好多本地网友评论说，在现今不少医院医生靠开高价药维持盈利的状况下，竟有主张病人少吃药的好医生，实在少见。

坚持不乱开药开低价药

作为一家二级区属医院的主治医师，挂胡雁聪号须缴纳 4 元，除去 1 元挂号费外，其中 3 元的诊金属于他的“计件工资”，按照每天 70 个号的额定工作量，胡雁聪每天的诊金收入仅有 210 元。这在当下不能不说少见。

4.9 元、6.6 元……翻阅儿科医生胡雁聪在电脑上的开药记录，很多都是这样不到两位数的药费。20 多年来，他坚持少开药，就是开了药，也建议病人少吃。他解释，很多家长对小孩咳嗽、厌食等轻微症状特别敏感，上来就要求医生开药，不过只要他确认不需要吃药，便会坚持说服病人家长不要开药。

网友们称他“只开便宜药”，胡雁聪说，那是因为自己看的都是小儿科。他解释说，儿童跟大人对药物的反应程度是不一样的，小孩子生病要根据实际情况来开药。他坦言自己也开过百元以上的药，但一般都是从低价开起。

1964 年，胡雁聪生于广东惠阳一个普通农民家庭，自幼家贫苦读，考上广东省实验中学。一个偶然机遇，当时刚留英归国的钟南山来到学校开讲座，激发了他要成为一名医生的理想。其后，他以高分考入广州医学院医疗系，1989 年毕业后分配到越秀区儿童医院。

2012 年 6 月 26 日中午，当胡雁聪看完最后一个病人时，已经是 12 时 45 分，比医院中午休息时间晚了 45 分钟。正是他这多花两分钟给病人解释，赢得了病人的信任。

据越秀区儿童医院电话回访病人评价记录显示，2013 年 8 月 24 日至 2014 年 1 月 5 日随机抽取的 60 名病人，100% 对胡雁聪的“医生态度”评价为满分 5 分，对其治疗效果满分的病人达到 93%。

市民梁先生回忆，自己的小孩经常感冒发烧，之前看过一些医生，但他们开的药对小朋友来说药性太强，朋友介绍他找胡雁聪。之前的医生会以“喷喉、贴脚板”等额外护理药品来多收钱，但是在胡雁聪这里开了药就能治好。“D 药真系超平！好多人以为平嘢无好嘢，但系胡雁聪真系平靓正啊！”

市民余小姐也是带着自己的女儿过来找胡雁聪看病。“只要他开诊，我就一定挂他的号！”余小姐告诉记者，开药便宜不是她选择胡雁聪的理由。“如果看得准，药贵一点也没关系。他看病真的好准，我的小孩吃他开的药，很快就能好。”

“比我好的医生还有很多。”胡雁聪总是再三强调，他只是一名普通医生，做了他应该做的事。

成名后埋头看诊婉拒宣讲

据了解，胡雁聪的故事经《南方都市报》报道后，他的号每天8时前就挂满了，每天都几乎要加号。有广州妈妈网的妈妈表示后悔“捧红”了这名“平靓正医生”，导致现在想挂他的号都很困难。更有妈妈担心，他成名后可能会当上医院领导，不再看门诊。

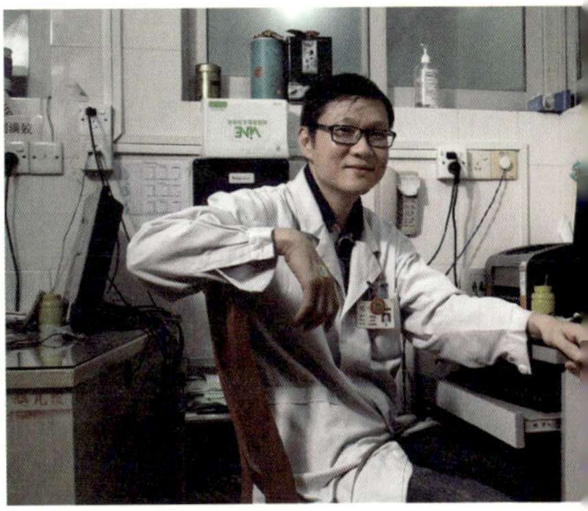

越秀区儿童医院胡雁忠医生（陈辉　摄）

越秀区儿童医院副院长梁燕贞表示，即使是医院的业务院长、医务科长等都要看诊，不会脱离自己的专业。梁燕贞坦言，越秀区儿童医院是一家有56年历史的基层医院，在社区里口碑较好，但论设备论级别比不上大医院，建议一些重大疾病、疑难杂症的儿童还是到大医院诊治。

2013年10月，胡雁聪被评为“广州十大好人”，他的事迹被制作成视频、舞蹈和诗朗诵，随志愿宣讲团巡回宣讲。有关单位频频向胡雁聪发邀请函，邀请其出席大型活动对其事迹进行宣扬，但胡雁聪总是表示工作实在太忙，挂号实在太多，大部分只能婉言拒绝。

【对话】

我享受工作，但不享受收入

记者：成名后有无给你带来思想负担？

胡雁聪：自从你们报道以后，很多人慕名而来，以为我能医百病，例如外科、心血管的疑难杂症都拿到这给我，候诊几小时拿大医院的化验报告给我看，其实我只是主治儿童感冒、发烧等常见病的医生。不过都没问题，这就是我的工作。

记者：很多病人说你开药比较便宜。

胡雁聪：其实这个关键是沟通好，让病人觉得没有开贵了药，有时病人来看个感冒，我让他先抽个血就花了一百多块，但只是排除了某种感染的可能，还没有治好他的病，病人也很感激，关键是讲清楚为什么要这样做。

记者：你现在的收入主要靠诊金是吗？

胡雁聪（笑）：是的。

记者：你看一个病人诊金多少？

胡雁聪（笑）：你问院长吧。

记者：我了解过你看个病人收入3块钱，一天70个号最多210块。

胡雁聪：所以我宁愿认真看，不加号。

记者：你开药开得这么便宜会不会影响收入？

胡雁聪：我现在不关心这个了，可能有吧，目前医生收入还是不公开的，我不知道其他医生的收入。

记者：你一个月收入多少？

胡雁聪：比你想象中要低。

记者：看你现在也挺享受工作和收入。

胡雁聪：我一点也不享受现在的收入，但我享受我和病人沟通商量的过程，我挺享受这份工作的。以前我会关注像你说的，一天能看多少个号。我现在更关注生活质量，我想和家人更多共处的时间，和太太找些地方享受一下。

【采访手记】

多花两分钟的正能量

两鬓斑白、略微清瘦，戴黑框眼镜，广州越秀区大南路130号一栋民国骑楼中，胡雁聪在他那不算宽敞的西药3号室里，每天的工作是飞快地望闻问切后，再给病人讲解病情及用药思路。

中午时分，医院闸门半开，胡雁聪抱着不锈钢饭盒，在电脑前点击上午的病历。在不到5平方米的诊室里，摆着两张诊台，一张病床和一个洗手盆。

“我才一个半小时的休息，不要采访了吧？”当记者推开胡雁聪的诊室门时，他显得有些不情愿。原来，胡雁聪看每个病人的时间，几乎都超过5分钟，导致他每天看完规定的70个号，总要比其他人多一个小时，而其他医生每天都几乎能加诊20个号。

胡雁聪说，现在很多病人都懂得先上网预判病情，再来看医生，有时会当面与医生争辩用药的对错。也许有医生为此心生不忿：到底你是医生还是我是医生。但胡雁聪总舍得多花两分钟，根据病人的症状讲解他的推断过程以及用药原因。将每位病人当成“专家”对待，不忽悠、不怠慢，也许正是这位基层医生获得广大群众认可的关键。

采写：南都记者　吴广宇　实习生　晏湘妃　张蕾

台山洋田村村民：把流浪17年的六旬兄弟接回家

【致敬词】

亲不亲，家乡人。曹其光老人何其有幸。一餐一饭，人间冷暖；一衣一被，细微关怀。台山广海镇洋田村村民以朴实无华的乡土情义，让人们见证“老吾老，以及人之老”的传统美德，从未走远。

村民和义工与曹其光在一起(梁清 摄)

2012 年 8 月，64 岁流浪老人曹其光被江门台山广海镇洋田村村干部接回家中，结束 17 年的流浪生涯。

2012年8月，64岁流浪老人曹其光被江门台山广海镇洋田村村干部接回家中，结束17年的流浪生涯。如今，当地政府出钱为老人修好残破的房屋，全村80户村民轮流为他送饭。对曹其光而言，人至暮年终迎来新生。而洋田村村民的义举和善心也得到社会各界的高度认可和赞赏，并因此荣获2012年广东十大“最美街坊”称号。

在外10多年的流浪汉回家

初见曹其光，头发凌乱，黑黑的指甲很长，身上的衣服既有冬装也有夏装，里三层外三层的却穿着有序，围巾虽脏得看不出原本的颜色，却也打得整整齐齐。脚上穿着一双破烂拖鞋。

曹其光现住在洋田村的老宅中，2012年10月的某一天，南都记者来到他家采访，一进门看到的就是浴室，浴室墙面的白与屋里的黑形成强烈的反差。屋内阴暗潮湿，屋顶上挂满蜘蛛网，房间四周无窗，房顶横木已断，悬在半空，地上没有地板，泥土裸露在外。屋内没有一件可以称得上是家具。所谓的床就是搭在板凳上的一块木板，短小的木板上卷着一坨黑旧的被单。角落里堆着饭盒。

洋田村村委书记曹健超介绍：“刚开始时（曹其光家）整个房子很臭很脏，连扇窗都没有，我们就给他开了两个窗户，又盖了浴室，现在才慢慢好起来。”

村里为曹其光盖起新浴室，可他仍穿得破破烂烂，全身脏臭。曹其光说出了其中原因。“我要是穿得干干净净，别人就不给饭吃了。”听到这句话，村里人心里都酸酸的。

村民和义工在为曹其光理发(梁清 摄)

曹其光的祖父辈曾是台山广海镇赫赫有名的显贵。20 世纪 50 年代，他的父亲远赴菲律宾打工，留祖母、母亲和曹其光 3 人在家中。父亲离开不久，曹其光年老的祖母就去世了，没有念过书的曹其光无奈之下，便带着母亲四处乞讨，一讨就是 10 多年。在这 10 余年间，他们讨遍了附近所有的村，直到母亲于 1984 年过世。

知道曹其光外出讨生活多年，洋田村前村长曹健全十分担心。2012 年 5 月，他四处打听，终于在附近村找到曹其光。当时的曹其光正在垃圾堆里找吃的。“我得了风湿痛，动一下就疼，走不了路了，只能吃这个了。”见到曹健全的曹其光说完失声痛哭。见此情景，当年 8 月初，曹健全将曹其光接回了洋田村，并安顿住处。

村人帮他安家为他送饭

后来在曹健超的安排下，村中两个生产队各出 3 人，帮曹其光清理了老屋里堆积了 17 年的垃圾，将其安顿下来。并且给曹其光家接通了电，村委还给他送来了棉被，通水后安装了马桶，并在家中给他盖起一间浴室。

解决了居住问题，吃饭又成了新的难题。曹其光家没有炉灶，他身体虚弱，已不能自己做饭，于是全村 80 户村民每天轮流给他送饭。有的自家做好了饭菜送来，有的就给钱酒楼送去外卖，一天三顿从未间断。常有村民过来看望曹其光，路过的人得知此事，也会来看看并给上几百元让老人买吃的用的。

当问起洋田村村民，他们都会说："我们现在（生活条件）还可以了，把他（曹其光）接回来，大家一起，一家给一点他。" 如今的曹其光的身体渐渐恢复，村委会还给他办了低保。

流浪了 17 年，第一次感受到家的温暖，村人对曹其光的关心让这位六旬老人倍感温馨。如今的曹其光与从前相比，精神、气色都逐渐好了许多。他说每天有饭吃，身体比以前健康了不少，心里也舒坦了不少。从前自卑和怯懦的他有时还会主动同别人握手，说话时也总是露出真诚的笑容。

【对话】

照顾流浪兄弟 村人百分百赞成

洋田村曹健全，1944 年出生于广海镇洋田村，曾任洋田村村长，克中小学董事长，和洋田村村民一起获“2012 年广东最美街坊”称号。他对流浪老人曹其光的关怀照顾被大家赞扬。他热心助人，被他帮助过的人不计其数。他热情好客，总是呼朋引伴大宴宾客。他就是被大家亲切地称为“曹叔”。

曹健全在洋田村一直很有威望。他曾发动华侨和村里的兄弟在村里建起一所小学。村民说他老是做好事，村里唯一的水泥马路、菜市场、祠堂都由他筹建。曹其光回家后，家中的铁门和水电也是曹叔一手安装，连办身份证照相都是他帮忙办理的。

记者：你为什么坚持帮助曹其光？

曹健全：自己的兄弟在外面流浪，你看到也会不开心，我自己内心也有一种念旧的心理。以前跟他一起玩，他现在到这个地步，我应该帮帮他的。

记者：那你打算一直给他送饭，照顾他？

曹健全：他都 60 多了，只要我在家，每天我都会给他送饭。如果他肯换衣服冲凉，带他回我家住都可以，反正我一个人，多一个人多好啊。

记者：刚开始，你说要给曹其光轮流送饭，村里有不同声音吧？

曹健全：没有。我们刚开始就找了两家，问了他们愿不愿意，一位 80 多岁的阿姨说：“自己人肯定愿意啊，你不给他吃，饿死他了。”（村民们）百分之百赞成，所有人都很乐意。

记者：除了曹其光，还帮过别人吗？

曹健全：孤身一人的老人我都有帮，有的带去看病，有的没有钱买烟就给他买烟。有时候人家没有钱办证什么的，我就出钱。但我有一个基本条件，大家都是好朋友。

记者：你帮别人都是自己掏腰包吗？花费不少吧？

曹健全：我就喜欢帮人，不管自己口袋有没有钱都喜欢帮人。改革开放时，我出去打工，去了深圳，跟一个香港亲戚去管一个装修组。1989年年底回来台山。我大女儿在香港开公司。1992年，女婿在台山开第一家厂，1998年开第四家厂。那时，他们在台山设了很多办事处，我就帮忙打理。2009年，因为金融风暴，工厂倒闭了，损失了几千万。我就回到老家。我现在一个人的生活还可以。

记者：你总是帮助别人，家人会不会有意见？

曹健全：做好事嘛，家里人不反对。我老婆前几年过世了，孩子都在外面。我爸爸生前就喜欢做好事，村里路边的草都是他除的。村里人都知道的，二三十年前，我爸爸给学校老师做饭，食堂没钱买菜，他就从自己菜地里摘菜给老师吃。别人家小孩没钱上学，他就给买书包，供孩子上学。我一家人都这样。

记者：获奖（曹叔和村民们被评选为“最美街坊”）后，村里有什么变化吗？

曹健全：现在我们两“兄弟”（原村委书记）的主要任务就是改造村里环境，发动外面的“兄弟”捐钱。我打算自己先捐1万元修路。领奖后，我在纽约的初中同学打电话说：“我在报纸上看到你了，做了一些好事情。”他说捐10多万给村里修条路。

台山洋田村村长曹健全（陈辉 摄）

【采访手记】

一个村和一个人

一个人要改变自己或者别人的命运，或许有难度。但一个村的人来做这件事，就会变得容易几分。洋田村全体村民，众人拾柴，成功改变了一个流浪老人的晚年命运，让这位流浪了 17 年的六旬翁在迟暮之年，重新拥有了自己的家。

曾是“大户人家”出生的曹其光曾沦落为流浪汉。时过境迁，当年的小伙伴们都已过花甲之年，老村长曹健全便是其中一员。每到刮风下雨，他心中总是对在外的曹其光牵肠挂肚，担心他在外面挨冻受饿。于是，接回流浪 17 年的儿时伙伴，随后安排全村人轮流照顾离村多年的乡亲似乎顺理成章。数十年后归去来兮，这家阿婆送来一床被子，那家阿婶端来一碗热水，大到吃喝拉撒，小到一针一线，全村人就像照顾孩子般照顾着回家的曹其光。

曹健全用一句话道出村民们的心声：“自己的兄弟在外面流浪，你看到也不会开心。”没有矫揉造作的夸夸其谈，朴实的理由让人信服。或许，每一个村都有一个不幸的曹其光。只不过，他们未必能有此种幸运，遇到这么一群村邻街坊。

采写：南都记者　唐波

麦容欢：九旬阿婆含辛茹苦70年拉扯两智障儿

【致敬词】

母爱究竟有多伟大？这名九旬老人用超过半个世纪的时间给出了答案。只为“尽母亲的本分”，她把苦难硬生生演绎成传奇。因为这份传奇，母爱不再是母子间的事，它以赤子之心、圣洁之名，充塞天地、气壮人伦！

麦容欢婆婆(冯宙锋、刘禹扬 摄)

麦容欢，广东中山人，96岁，住在中山市东凤镇西罟步村。

母爱究竟有多伟大？中山市东凤镇九旬老人麦容欢用超过半个世纪的时间给出了答案。这个生于1918年的母亲，在历经战乱、丧夫和丧女之痛后，依然对两个先天智障的儿子不离不弃，照顾他们超过半个世纪。如今为了更好地照顾两个年逾古稀的儿子，已经96岁高龄的她拒绝进入养老院颐养天年，“我生了他，他就是我的仔”，她说她只是尽母亲的本分。

含辛茹苦照顾两智障儿

麦容欢的家位于东凤镇西罟步村。1938年，20岁的麦容欢，在叔婶做主下，从邻村来到西罟步村，嫁给了比她大17岁的丈夫。婚后两年，大儿子阿满出生，初为人母的麦容欢很开心。但随着孩子慢慢长大，夫妻俩发现了“不对劲”，阿满一直不会说话，等到5岁才学会走路。后来，才知道阿满是先天智障。麦容欢说，她原本以为后来出生的阿富会是正常的，但没想到也是智障。

两个儿子都是智障，麦容欢说自己一开始有些接受不了，特别是别的小孩叫两个儿子“傻仔”时，“会生气，后来慢慢也接受了”。阿满兄弟俩只能“咿咿呀呀”说些别人听不懂的话，不会使用碗筷，也不会自己穿衣服、上厕所。吃喝拉撒全需照料，整天懵懵懂懂只知道笑。因为智力低下，阿满上学才一个月，就被老师退了回来。

从此，除了起早摸黑在田地间辛苦劳作外，麦容欢夫妇所有精力全投入到照顾两个孩子身上。每天早上，麦容欢给他们一一穿好衣裳，洗脸，然后做好早饭，一个个地端到他们手上，并不厌其烦地教他们用筷子。怕孩子走丢了，干活时只好把孩子关在院子里，为此夫妻俩把围院的栅栏加高了。

96 岁麦婆婆照顾两个智障儿70年(叶志文 摄)

一日三餐，全靠父母将饭一碗碗端到两个孩子手上，吃完了又去添，再把碗去找回来洗。傍晚，要给他们一个个洗澡换衣服，哄他们睡下，有时刚把这个照料睡下，那个又爬了起来，总要折腾个把小时。有时即使是麦容欢气极了，也不舍得骂一句，“我骂他们，他们也不知道，自己也心痛”。

30 年教会儿子生活自理

阿满、阿富兄弟俩慢慢长大成人了，不过仍需要父母照料。1982 年，丈夫离开了人世，当时已 64 岁的麦容欢担心有一天自己也走了，两个儿子没人照顾，为此她决定教两个儿子做饭。

对做饭这件事，阿满似乎一直不感兴趣；不过，阿富却很愿意学，但在相当长时间里，他掌握不到要领，“炒菜大把大把放盐，煮饭不是少放水就是没煮熟……”麦婆婆说，她有时会感到失落，觉得仔笨，但看着他认真学又不忍心责怪。后来，阿富会炒一些简单的菜了；再后来，阿富还逐渐学会了洗衣、扫地等。

如今，麦容欢 96 岁，阿满 73 岁，阿富 69 岁，一家三口过得简单而平静。“他们都是来考验我的心的，考验我这个做娘的合格不合格。”说到半个多世纪的艰辛，麦容欢没有半分怨天尤人。而今阿满、阿富兄弟俩已经能够慢慢自理，除了承担起大部分家务活，阿富还经常给母亲按摩，每天为她泡茶、烧洗澡水；而喜欢逛街的阿满，每次出门之前都会向母亲“请示”一下。

为照顾儿子不愿去敬老院

麦容欢说，她有很长一段时间都在担忧两个儿子将来的生活，但“现在已不担心了”。她说，两个孩子基本上能照顾好自己；当地政府前段时间也帮忙把老房子重新修过了；很多好心人也经常过来探望；而且现在有社保养老金及各项生活补助。

麦容欢儿时经受失去父母的痛苦，结婚后又要照顾两个智障孩子；64 岁时，丈夫去世；几年前，孝顺的女儿又先她而去。回想起这一辈子的生活，96 岁的麦容欢老人说自己的确过得很苦。但她又说，现在觉得过得很开心。现在，老人的生活简单而有规律，天亮了就起床，中午困了就在木沙发上睡一会儿，晚上还会看看电视。而一日三餐，基本都由阿富做好。老人说，能被儿子照顾，就是享福。

去年，麦容欢的家有了不少变化：厨房被翻新、卫生间经整修后还安装了更方便的坐式马桶、院子上方的雨棚也换新了。东凤镇相关工作人员介绍，麦婆婆一家三口其实都符合到敬老院生活的条件，但麦婆婆为亲自照顾两个仔一直不愿去。“已经习惯了亲自照顾他们”。老人说，孩子们都是上天派来考验她的，如今96岁了，应该能圆满完成这个“任务”了。她表示，现在很开心，没有想过还能活多久，只想把每天都过好。

如果麦婆婆不在了，还有政府

因为无私照顾儿子70年，麦容欢被评为2013年广东省最美街坊。当颁奖现场播放麦容欢照顾两个儿子的视频时，现场很多观众留下了眼泪，数百名观众数次为她鼓掌。一名观众说，永远都无法想象，一个母亲把两个智障的孩子照顾到70岁，需要承受多少苦难与折磨。

而麦婆婆所在的中山市东凤镇党委委员李华军也向颁奖现场的观众承诺，如果麦容欢愿意去敬老院，政府会将她和她的两个儿子一起接到敬老院；如果不愿去，敬老院的志愿者也会经常去她家里照顾阿婆和她的两个仔。

西罟步村两委委员卢志棠也说，如果有一天麦婆婆不在了，政府会将阿满和阿富两兄弟接到敬老院居住，政府会照顾他们。

【对话】

两个儿没叫过妈，有点遗憾

记者：照顾两个儿子那么多年，会不会觉得很苦？

麦容欢：我都不会觉得有好苦，（照顾他们）慢慢就成了一种习惯。

记者：别人都说您是最伟大的母亲，您怎么看？

麦容欢：这个讲不上伟大，他们是我的仔，照顾他们是天经地义的。

记者：那么多年里，最让您感到遗憾的是什么事情？

麦容欢：两个仔没有叫过我妈妈，有点遗憾，有好人教过他们叫妈妈，但教了好久以后，他们还是没能叫出口。

记者：有没有想过自己百年以后两个儿子该怎么办？

麦容欢：想过，以前有担心，但是现在觉得没必要，他们已经可以自己照顾自己，做饭洗衣都会，政府也会帮忙，所以现在不担心。

记者：你现在最大的心愿是什么？

麦容欢：想多陪陪两个儿子，多陪一天是一天。

不离不弃，96岁麦婆婆照顾两个智障儿70年（叶志文 摄）

【采访手记】

从 2011 年开始，南都记者曾多次探访麦容欢一家，一方面是想尽可能地记录他们生活中的点点滴滴；同时，记者也被他们一家和谐的生活场景所深深吸引。

他们一家三口有着明确的“分工”，麦婆婆的大儿子阿满好动，喜欢逛街，所以他一般主要负责买菜、“赚钱”。每天早上阿满都会起得很早，然后花上 20 分钟甚至更长的时间步行到村委会旁边的市场。通常情况下，阿满会先到一家小食店吃一顿“丰盛”的早餐，然后买些简单的菜带回家。每当下午四五点时，阿满又会赶到市场“赚钱”，他会帮助市场内麻将桌的主人收好凳子并码放整齐，麻将桌主人都会象征性地给他 5 元钱，这个时候阿满总会乐呵呵地将钱放进口袋。

老二阿富是典型的宅男，没有特殊情况他不会走出自家小院，所以他的工作主要是做饭和打扫卫生。

南都记者曾多次观察阿富的做饭过程，整个过程看上去会让人感觉到与常人无异。首先阿富会先将电饭锅的内胆取出，将适量的大米放入，然后开始淘米，而且至少是三遍。有时发现米中有异物时，还会用手一点一点地拣出。当电饭锅启动以后，阿富紧接着要做的是炒菜。他将事先准备好的白菜洗好，然后把菜板放在地上，蹲下身，右手拿刀，左手扶菜。最让记者佩服的是，他可以从一整块老姜上切出只有指甲盖大小的一块，然后用十多厘米长的菜刀，一点点地将姜皮刮掉，直到他认为干净为止。

每当阿富做饭时，麦容欢总是习惯坐在旁边的木质沙发上静静地看着，偶尔也会指挥一下，“油放少了”、“水放多了”。每当这时，阿富都会按照母亲的指示来做，而且脸上总是保持着憨厚的笑容。

除了喜欢做家务，阿富还是个“烟民”，烟瘾还很大。闲暇时，阿富会坐在板凳上，用火柴为自己点上一根烟，往往都是大口大口地抽起来。每当高兴时，阿富还会情不自禁地吐上几个烟圈，然后有些得意地看着旁人，露出特有的笑容。

麦容欢很爱笑，也很健谈。有段时间不断有记者到家里来，每次，她都会聊上很长时间。问她累不累，她说一点都不累，因为有人来跟她聊天，她会觉得很开心。在邻居眼里，和善的麦容欢是个值得尊重的老人家，“她真的不容易，自己都90多岁了，还要照顾两个仔。”有叶姓邻居说，“实在太伟大了，要换做我，早把两个儿子送敬老院了。”

采写：南都记者　王卫

2013 广东十大最美街坊颁奖礼上，麦婆婆（中间）上台领奖（冯宙锋、刘禹扬 摄）

刘思启夫妇：住最美出租屋
房东房客一家亲

【致敬词】

钢筋水泥丛，何处寻芳邻？租客与房东，亲密一家人。在这里，包租婆很温柔，不会狮子吼；包租公很侠气，进门都是兄弟。他们不是在出租房子，而是在营造一个更大更美的家。宅院内外开满了善良的花，香气足以让我们驻足陶醉。

刘思启、张利萍夫妇(冯宙锋、刘禹扬 摄)

刘思启、张利萍夫妇，江西萍乡人，48 岁（男）和 44 岁（女），住在东莞市塘厦镇龙背岭社区塘龙西路 357 号旺盛公寓，房东。

2014年春节前夕，东莞市塘厦镇龙背岭社区塘龙西路357号旺盛公寓的房东刘思启正忙着剪一批剪纸，他想将一部分剪纸送给准备回家过年的租客带回老家贴窗户，另外在自己出租屋的各个楼层也贴一部分，增添新年气氛。

在刘思启经营的出租屋里，共有60多户租客，其中大部分都是住了两年以上的房客。36岁的租客柳应江之前患上了急性脊髓炎，下半身失去知觉，同住一栋楼的房东和邻居开始每天给他送饭洗衣，端屎端尿，晕车的房东老板娘有时还要坐上四个多小时的公交车帮柳应江去医院拿药。这种邻里亲如一家人的温馨故事其实每天都在这里上演，大家都称这里是“广东最美出租屋”。

吃在一个锅里的邻里

今年44岁的张利萍和48岁的刘思启都是江西萍乡人，2008年，夫妻俩承包下塘龙西路357号的三栋出租屋。刘思启告诉记者，三栋出租屋加起来共有84间房，除了一手房东和他们自己住的两间房外，目前有60多间房已经出租，还有四分之一的房间空着。

“每间房一个月的租金就100多元，除了去年的时候入住率高些，这一带的出租房一直不怎么景气，我们这里出租率还算是高的，不过每个月交了租金给一手房东后，有时候我们还要从自己口袋里掏钱吃饭。”张利萍称，目前住在出租屋的60多户房客基本都是住了三年以上的老房客，她不用看登记本基本都能记住每户租客的姓名。

“刚才下雨，你鞋子晒在阳台上我怕打湿了，我帮你收到你门口放着

刘思启、张丽萍夫妇和曾经帮助过的房客(陈奕启 摄)

了。”就在和记者聊天时，张利萍看见住在三楼的陈小姐下班回来了，赶紧和她打了声招呼。记者还看到，在出租屋的一楼走廊旁，有一个灶台，这里就是张利萍夫妻俩做饭的地方，此时有一位年轻女子正在做饭。

“那是小吴，也是个好人，她在帮我做饭。”张利萍说。小吴也是这里的租客，平时做饭和他们共用一个灶台。“有时候我们吃她的，有时候她吃我们的，大家不分什么，煤气用完了有时候她买有时候我们买，其实都差不多。”

来自四川的张姐今年41岁，她和丈夫住在出租屋的二楼已经快四年时间了，说起房东一家人，张姐也是满口的赞美之词。“尤其是老板娘，每天笑呵呵的，人好在这一带是出了名的，平时有什么事找她帮忙很好说话，住在这里房租什么的大家都是按期交，有时候手头困难晚几天老板娘也不会催你，这里的很多人平时上下班大家见了面都会打声招呼，有时候大家经常还会凑在楼下聊聊天，不像现在大城市里住在高楼大厦里的人，别说楼上楼下了，就是左邻右舍姓什么都不知道，这里大家就跟一家人一样。”

大病袭来见温情

36 岁的租客柳应江是湖北宜昌人，从 2008 年开始柳应江、汪春梅夫妻俩就租住在张利萍的出租屋里。2011 年年底，由于要照顾在老家的女儿和年迈多病的父亲，汪春梅回到了老家，只剩下柳应江一人在东莞打工。2013 年 4 月，柳应江突然患上了急性脊髓炎，下半身失去知觉，生活无法自理。好在经过一段时间的治疗以及在从老家赶来的妻子的精心照顾下，柳应江病情开始逐渐好转。不想就在 2013 年 7 月，老家的亲人突然打来电话，汪春梅 60 岁的父亲突然病危入院，需要汪春梅赶紧回家。在柳应江的一番苦劝之下，8 月初汪春梅只好留下不肯一同回老家的老公离开了东莞，临走前汪春梅拿出 300 元钱，找到张利萍让她帮忙每天给柳应江送下饭，结果张利萍答应了她的请求却退回了她的钱。

张利萍说，反正从那天开始，他们一日三餐吃什么柳应江就吃什么，有时候通过和柳应江聊天，知道柳应江喜欢喝猪肝汤，他们还会隔三岔五的特意买点猪肝打汤。有一天早餐的时候，发现柳应江最近一段时间胃口不怎么好，张利萍记得汪春梅以前说过柳应江喜欢吃煎饺，便特意在买菜的时候买份煎饺，并打上一碗粥一起拿上了楼。

2012 年 8 月 20 日下午，记者在张利萍的出租屋见到了一脸菜色的她，她说由于晕车，虽然到家已经三四个小时了，但是感觉整个人精神还是没有恢复过来。原来早上 8 时左右她给柳应江送完早餐后，就去东莞市人民医院帮助柳应江拿药，一来一回坐了4个小时的公交车，直到下午快2点钟才回到家。“他走不了，没办法做，住在一起就是一家人，丢垃圾、做饭、搞卫生、倒大小便、洗衣服、拿药这些都是小事情，我们能帮做的尽量做。”

邻里亲如一家人

“邻里之间这种互相帮忙只要有个开始，有人起了个头，到后面就会自然而然地顺溜起来。”张利萍说，在她看来帮左邻右舍做点力所能及的事并不是什么大不了的事情，今天你帮我，明天我帮你，这个社会本来就该是这样的。能在一个屋檐下生活，本来就是一种缘分，这份缘分应该珍惜。

柳应江回忆称，除了房东夫妻俩，刚生病那段时间周围的邻居给他的帮助也很多，住在506房的大姐易述清，周末不上班的时候，都会到他家里帮他买菜做饭、洗衣服、打扫卫生。住在对门的夫妻俩晚上下班后，也会经常带着孩子过来陪他聊天解闷，担心他白天一个人在家里太闷，房东还专门给他带了一点手工，让他在家里做打发时间。生病辞工后，工厂的老板娘还特地让自己的弟弟到医院给他送结算的工资，还额外多给了他1000元。住在隔壁楼的湖北老乡段辉也多次主动当起免费司机，帮助他去医院拿药和到医院复诊。柳应江说，自从这次生病后，他发现身边的好人一下子多了起来，不过因为他自己麻烦了很多人，这让他的心里有点不安。

如今经过半年多的治疗，柳应江的病情正在逐渐好转，原本毫无知觉的双脚如今已经可以依靠拐杖行走，他说，希望自己的病好得再快一点，尽快地回到工作岗位，对于2014年，他的内心充满了期待。

【对话】

房客住着开心，我们也开心

记者：经营这几栋出租屋赚钱吗？

刘思启：我这里共有 80 多套房，正常情况一般租出去 60 套左右，说实话每个月剔除开支后就没赚什么钱，最多赚点生活费。我这里还算好的，熟客多，很多都是在我这里住了几年的，这周围好多出租屋现在一半以上的房间都是空着的。

记者：大家为什么喜欢住在你这里？

张利萍：一来一去好多人接触多了都认识，住在一起有个照应。我们也觉得做生不如做熟，住下来了还要让大家想留下来，才是关键。大家在一起和和气气的，这个也很重要。

记者：你们觉得正常的邻里关系应该是怎样的？现在的邻里之间的交流少了许多。

刘思启：以前小的时候，去隔壁邻居家玩或吃顿饭是件很平常的事，但是如今城里，大家每天都很忙，相互之间交往少了是正常现象，但这不是一件好事情。有时甚至连隔壁邻居互相都不认识。古人说，远亲不如近邻，住在我这里的，我经常会给他们相互介绍，比如说“这个是你老乡，你知道吧？”有时候交流多了，大家来往起来就自然多了，今天你有事我帮了你，明天你有事，我也可以帮忙。

记者：关于你们出租屋的未来，有什么设想或者打算没有？

刘思启：长远的打算还没有，做一天是一天，只要我们不是亏得没钱吃饭，还是会继续干下去的。只要大伙住在这里开开心心的，我们也开心。

【采访手记】

刘思启、张利萍夫妇（陈奕启 摄）

“两公婆很和睦也很坚强，两人都很有礼貌，是好人，柳应江这人很勤快很节俭，包括他工厂的老板等周围好多人都说这人很踏实，好人应该有好报，现在好人得这种病，真气人啊！”每当说起柳应江的病情，房东刘思启就有些愤愤不平。

他们无疑是对热心快肠的“包租公”“包租婆”。丈夫刘思启能言善道，待人热情，是个典型的“人来熟”。妻子张利萍则有些腼腆，每当刘思启说话时，她都会在一旁静静地倾听，不轻易发言。

在张利萍的出租屋前，有一个沙场，受这个沙场每天进出车辆噪音的影响，出租屋的客人曾经走了许多，说起这些烦心事，张利萍神情显得很淡定，她说既然改变不了结果就想办法让这个结果不那么令人难受。为此，他们夫妻俩专门在出租屋与沙场之间的围网边，开辟了一片菜圃。张利萍说，这样看起来多了一丝绿意，心里没那么烦，而且他们吃的很多菜都是在这片菜圃里自己种的。

采写：南都记者　黄超

卢振国：希望把公交司机当成一辈子的职业

【致敬词】

这个司机很浪漫，他用百花装点公交车，看街坊上上落落，留凤城一路芬芳；这个司机很侠气，智擒毛贼毫不手软，生死关头送医救人。别人说，公交司机，又苦又累；他自己说，有情有义，有滋有味。

卢振国（冯宙锋、刘禹扬 摄）

卢振国，37 岁，广东顺德大良人，住在佛山市顺德区，是 337 路公交车司机，从业 6 年。

鲜花、卡通玩偶、地毯、手写文明语还有免费取用的卫生纸……在这些物件装饰之下，佛山顺德区北滘镇编号543的337路公交车显得温馨而浪漫。这辆车的“主人”便是卢振国。从2008年做公交车司机开始，他的公交车有温馨有爱的车容，还有他给予乘客耐心体贴的服务，因此被市民誉为“最浪漫公交司机”、“百合花司机”，也多次获得公司甚至政府的公共服务奖。

温馨如家的337路

卢振国是佛山顺德大良金榜人。他已经在佛山顺汽集团担任337路公交车驾驶员六个年头了。他开的337路有温馨有爱的车容，加上有他耐心体贴的服务，因而他被誉为“最浪漫公交司机”、“百合花司机”。

记者曾专程搭上他的337路公交车。这趟公交，一进车门就给人耳目一新的感觉。脚下是一块毛绒蓝色地毯，车内自动刷卡机、扶手栏杆上都装饰着五颜六色的卡通、花朵、玩偶，驾驶座正后方安插着一束新鲜的香水百合，车前部还有免费取用的卫生纸，旁边是他用水彩笔手写的“节约用纸”文明宣传语。

六年前改行当公交司机以来，卢振国之前从事花卉生意的浪漫情怀在公交车上得以延伸，“当时我们每辆车只有一名驾驶员，我每天大部分时间都在车上，看到几乎所有公交车都千篇一律，很枯燥很乏味，我喜欢花，就想为什么不能用花来点缀一下车厢呢？这样可以让我的工作环境美观一点，我和乘客看起来都会舒服一点。”

说干就干。卢振国从网上买了五颜六色的卡通花，每朵花都是一个甜

2013广东十大最美街坊颁奖礼上，卢振国领奖（冯宙锋、刘禹扬 摄）

蜜的笑脸，他把花朵安插在扶手、栏杆各处，乘客随处就能看到开心的表情。除了花儿等饰物，卢振国还在车前门处地板上放了块地毯，“下雨天，乘客上车时在这里擦擦鞋，既不容易把泥水带到车厢里，也不容易滑倒。”驾驶座后方还有一个卷轴的卫生纸取用处，免费为市民提供方便。“鲜花基本上四天或者一周更换一次，每次30多元。加上其他物品的费用，每个月要花300元左右。”这些花费，都是卢振国自己掏的腰包，“布置车厢，最开始我只是根据自己的趣味，让车厢变得漂亮一点，后来得到许多乘客的喜欢，一举两得。”

一些337线路上的老乘客告诉记者，逢年过节，卢振国还会把车厢另外精心布置一番，圣诞节、新年、端午节都各有不同的节日特色。

我的地盘小偷请走开

除了车厢内温馨舒适的点点滴滴，卢振国温润稳重的性格和帅气俊朗的外表，也让乘客对他交口称赞。卢振国说，有一次车上电子站牌坏了，为了不影响乘客判断车次，他找来一块大白纸板，在上面写着“337 来啦”几个大字，放在电子站牌上方。乘客上车后直说他有创意，有个性。

记者还在卢振国的 337 车上的司机座后方，找到一个常用应急药物包，“一旦乘客中暑或者有些突发疾病，可以先进行简单的处置”。每次车进站停稳后，他都会看看车内车外，一旦有乘客需要帮助，他会立刻帮忙，“开车不能急，等车里人都落座站好了，再开”。

个子不高的卢振国也是个直率、果敢的人。“在我行驶的线路上，有几个车站附近扒手比较多，有时候会看到小偷偷走乘客的东西，这种情况下我都会关上车门，呵斥小偷把东西还给人家。有一次在三洪奇大桥附近，我和几个乘客直接把小偷按在地上，帮乘客夺回了失窃的物品并立即报警。”

由于时常仗义执言，父母担心卢振国得罪别人遭到报复，卢振国说：“公交车厢就这么大点地方，是我的地盘，我不允许别人在这里破坏公共秩序。”

年底，卢振国驾驶公交车途中，看到一对母女骑摩托车发生车祸，便在第一时间将两人送往医院。

一天收五六份乘客送的早餐

六年来，几乎同样的线路，26 万公里的走走停停，相熟的乘客迎来送往，卢振国凭借用心的服务赢得许多乘客的赞许。他的事迹经网络爆料、媒体报道以后，很多人都知道顺德有位“最美公交司机”。

卢振国的点滴用心，乘客感觉得到；和乘客交往的点滴，也常常温暖着他。一位 80 多岁的阿婆几乎每晚都会坐他的车。由于年纪大了，他都会顺便搀扶她上下车。阿婆住的小区离车站隔着一条仅五六米但车流较大的辅路，每次卢振国都会把她送到马路对面再驾车离开。2013 年底，阿婆有一两个月没来坐车，卢振国一度以为阿婆身体不好，甚至可能不在了，心里还有些失落。哪知半个月后，阿婆白天突然来了，然后慢慢地对他说：“小伙子，我是特地来坐你的车的，我心脏不好，前段时间大病一场，以后也可能不会常坐车了，所以我专门来给你包个红包，谢谢你。”卢振国感动得无言以对，坚持不要阿婆的红包，但拗不过阿婆的心意，只好收下。

也有很多热心乘客早晨坐车会给卢振国买早餐，有时一天能收到六七份，吃都吃不完。逢年过节，有乘客给他封利是，也有人带家乡土特产给他。“还有些热心婆婆说要给我介绍女朋友，我都婉言推辞了，”卢振国腼腆地笑笑，“我儿子都已经上小学四年级了。”

乘客不再只是过客，和许多乘客成为朋友的卢振国觉得公交车司机这份工也可以做得有意义，有归属感。他的 QQ 网名就叫“公交 337”，空间里都是他这六年来工作点滴感悟和趣事，50 多个 QQ 好友也几乎都是他的乘客。谈及未来打算，卢振国不假思索地说：“当初我放弃生意回到顺德，就是希望能踏实过日子，这份工我很喜欢，希望把公交车司机当成一辈子的职业。”

【对话】

扮靓公车，让它不再千篇一律

记者：当初怎么当上公交车司机的？

卢振国：很偶然。我之前在广州做鱼塘、花卉种植的生意，很辛苦又要远离家，在我儿子出生后我想稳定一点，便把那边的生意转手了，回顺德发展。当时在家找工作，偶然听社区干部说起在招司机的事，于是就报名去学车了，后来很顺利就被录取，成了一名公交司机。

记者：当时怎么想到把车厢布置得如此温馨？

卢振国：因为我此前是做花卉生意的，自己也喜欢用花来装点一下房间。当时几乎所有公交车都千篇一律，很枯燥很乏味。我喜欢花，就想为什么不能用花来点缀一下车厢呢？让我自己的工作环境美观一点，我和乘客看起来都会舒服一点。就是出于这个简单的想法。

记者：开公交六年来，有什么感悟？

卢振国：我的做法从最初有人不解、质疑，到后来大家满意、赞扬甚至回馈，在公交车厢这个小空间里我除了工作以外，还结交了很多街坊邻居和朋友。定期在网络上分享工作心得也成了我生活的一种乐趣。虽然公交车司机是个很平常的工作，但只要用心，依然可以做的很有意思，很有意义。

【采访手记】

电话那头的卢振国声音洪亮爽利，透着股亲和力。约定采访时间后，他还会善意提醒记者乘坐什么车、附近有什么明显的建筑物。贴心种种，来自于他多年从事服务行业养成的职业素养。

在顺德北滘停车场里，卢振国开的那辆公交车并不显眼，就像初次见到他这个人一样：小小的个子，精神的寸头，言语简洁，温顺谦和，和大多数本地人一样，似乎并无出奇之处。但一旦和他聊起来，就如同走进他那精心布置、与众不同的车厢一样，才发觉他的独特——对工作和生活有满满的热情。

对话间歇，他总面带微笑。谈到对于公交车的布置改造，看似随意，实则是经过他多次换位思考后才敲定的，体现他的用心和周到。

事迹被报道后，他也变成了“名人”。谈及这一点，这个 37 岁的男人露出腼腆的笑容。他真诚地说，这样做并没有任何功利心，只是随心而为，面对现在的“知名度”，他坦言自己很平和，有一颗平常心。

采写：南都记者　郑志成

草根公益　自发行动

李瑞然：记录城市，流史后人

【致敬词】

老人，老城，生命的记忆透过镜头，与城市成长的步履共融。数万张城市影像，源于生于厮、长于厮。对城市的热爱无声，却足以代代相传、赋老城生机。以一己之力触动代代后辈“爱所在的城市”，“扫街”老伯李瑞然，当之无愧“记录广州影像史官”。

李瑞然在“扫街”

李瑞然，享年90岁（1922年11月至2012年12月12日），广东电白人，生前住在广州市白云区，是一名美术教师。

他深爱广州，为这座城市留下了数万张照片。他说，要为广州留下高楼大厦以外的历史信息。

他不是摄影师，不是文物考古工作者，但他在人生最后的10多年里，一直奔走在路上，透过相机镜头里狭小的空间，观察一座城市宏大的变迁。

他不是明星，但他的名字至今仍为很多广州街坊所惦记。他叫李瑞然，广州市第98中学的退休教师。从20世纪90年代开始，在广州行将消失的老建筑前、拔地而起的新地标下，在春运、亚运等广州城的大事中，总能看到他举起相机的身影。

2012年12月12日，李瑞然在病床上与世长辞，享年90岁。而他留下的1300多卷胶卷、5万多张照片，记录着这座城市的前世今生，将与这座城市为伴。

他的热情与坚持，感染着一批年轻人加入行拍广州的行列。在他去世后，广州市档案馆为其举办的纪念影展上，广州街坊们再次看到，自己家园曾经的模样。

生前：用相机与钩机“赛跑”

1922年，李瑞然生于广东电白。毕业后一直当教师，直到20世纪80年代退休。“教书育人是爸爸的理想，但他很少谈理想，更多的是行动。”儿子李易的心目中，李瑞然就是一个低调的老实人。

20世纪90年代，李瑞然偶然看到两张港人住宅区的照片，对比强烈：一幅尽显昔日的破旧简陋，一幅是现代化的林立高楼。那一年，已经70多岁的李老，开始每日背起相机出门。

李瑞然在拍照

“钩机不管天气，我也不管。拆到哪里就拍到哪里。”李瑞然曾经称自己是“和钩机赛跑的人”。最初骑着单车走街串巷，后来年纪渐长，他才改乘公交车出行。小舅子黄人牧记得，要是去大学城，早上六七点起床，直到下午四点多太阳下山，李瑞然才肯回家。

每次拿回冲好的照片，李瑞然都会即日在照片背面写下日期、地点等。儿子李易回忆，父亲每晚忙到凌晨两三点是经常的事。“别人拍照可能当成兴趣，他却当成了一份责任。”

“三多轩”文具店、“艳芳照相馆”、“致美斋”食品店、“新华电影院”、“大学鞋店”、“李占记”钟表店、西关大屋、东山洋楼、康有为故居小蓬仙馆……近 20 年来，他用掉了 1300 多卷胶卷，拍摄超过 5 万张照片。

“当我们的工作人员拿起相机，跑到拆迁前的小谷围、猎德村等地，进行拍摄记录时，常常能碰到他。”刚认识李瑞然时，广州市档案局声像档案处处长蔡小伟非常好奇，这位老人不是档案工作者，为何跟自己干着同样的工作？

后来他才知道，当时，李瑞然为广州存照已经超过 10 年。“虽然他的照片受器材和技术所限，和专业摄影师不能比，但是他的坚持和执着，还有对城市的感情，让我们佩服得五体投地。”

2012 年 9 月，李瑞然在病榻上度过教师节。广州市档案局副局长蒋年平跟同事到医院探望，还带了一块金漆牌匾作为礼物。匾上书：大爱捐赠筑兰台，为城留史传后人。“每一个字，都是档案局同事的心声。”

身后：后辈因他加入行拍行列

2008 年，在广州名人陈扬陈 Sir 支持下，李瑞然举办了第一次个人摄影展，名为“老人・老城・生命的记忆”。他的名字也开始被广州街坊所熟知，他对这座城市的热爱，引起一批年轻人的思考。随后几年，本地行拍广州的爱好者相继涌现。

时间没有对他格外慷慨。2012 年 11 月，《南方都市报》主办“广东十大最美街坊”颁奖时，他已无法到现场领奖。当家人将奖状和鲜花送到病床前，李老少有地眼泛泪光。

2012 年 12 月 12 日，李瑞然病逝。微博上，上千网友转发这一消息，默默哀悼。他的追悼会上，有素不相识的八旬“老广”赶来送别，有 10 多岁的朋友送来挽联悼念。

再办一次影展，是他生前遗愿之一。2013 年 3 月，广州市档案馆终于为他圆梦。这场主题为“留住记忆”，展出了李瑞然生前的 160 多张摄影作品，还有他使用过的各种照相机、三大本拆迁公告剪报以及写满拍摄行程的记事本等。展览开幕后，吸引了不少广州街坊参观，影像里的“当年广州”，勾起了“老广”们的集体回忆。

李瑞然的儿子李易也按照父亲遗愿，把遗物中的 1.5 万张照片，全数捐给广州市档案馆。而早在 2008 年，李瑞然已把 20 多年来拍摄整理出的 5 万多张照片，捐给档案馆，其中 600 张精选作品，已入馆保存。

广州市档案局副局长蒋年平曾说过，曾经有人以高价向李瑞然收购照片，但老人没有答应，反而让珍贵的照片“存市”而不“传家”。“他的照片是广州的回忆，他想把这份回忆，永久保存下去。”

2014年12月12日，李瑞然逝世一周年。这位“最美街坊”的名字，并没有淡出街坊的记忆。一批广州网友为其设计出纪念明信片，在一周年纪念日当天义卖，义卖所得盈余，全数用于慈善。

受李瑞然的感染而加入行拍广州行列的网友“vickymama”说，李瑞然为想拍好广州的市民做了个好榜样，“可以说，是他带动我们去拍广州的现状，把广州现在什么样拍下来，或者将来这会成为历史档案”。

曾经有街坊问李瑞然：拍照做什么？他说，这是要让你们的子孙看到以前爷爷住的地方。他在随感录中这样写道：“留给后人的仅仅是高楼大厦吗？文化的魅力是个性，文化的乏味是雷同。中国缺少敬畏文物的传统。”

李瑞然在拍照

【对话】

儿子李易：他拍拆迁，记录的是遗憾

记者：李老生前，给你留下最深的印象是什么？

李易：我爸爸的思想很开放，不会觉得旧的就一定是好的。所以他坚持拍照，并不是要反对拆迁。他只是记录，不会阻止，也不会表达意见。

记者：为什么他喜欢拍拆迁现场？

李易：他说，拍摄建筑拆迁，记录的是遗憾。他在中年有次回乡下，离家20多年再回去，突然觉得跟小时候已经很不一样。20多年光景，就可以让小渔村有这么大的改变，广州如果经过20多年的时间，会有更大的变化。所以基本上能拍多少（拆迁现场），他都努力去拍。

记者：除了拆迁现场，李老还会拍什么？

李易：很多人以为我爸爸只喜欢拍拆迁，其实，他也很喜欢拍新建筑。拆之前，拆的过程，还有改造、复建之后，他都希望能完整记录下来。他很想将广州所有建筑的原貌记录下来，所以一直不懈努力。

记者：很可惜最后都没有拍完。

李易：是，所以他希望后生能接棒，希望广州多些人，沿着这条路拍下去。希望广州的建筑、历史、文化、风土人情等，在拆迁之后还能看得到。

记者：你会接棒吗？

李易：爸爸去世之后，我时不时会翻他的照片，我觉得挺励志的。我在恩宁路一带，很早就留意到詹天佑和李小龙等名人的故居，但当时没有拍下来。所以我也准备拿起相机，去延续爸爸的这份热情。

记者：李老最后还有没有什么遗憾？

李易：他想再拿相机出去拍照，但是一直没机会了。他最后一次住院的时候，当时评上了“2012广东十大最美街坊”，回来我把奖状和一束鲜花拿给他看。他那时已经没力气讲话，眼角有点泪花，很高兴的样子。爸爸平时很少流眼泪的。

记者：如果要用一句话概括他，你觉得会是什么？

李易：生命不息，拍摄不止。这句最合适。

恩宁路街坊“苏哥”：在他的照片中找到家

记者：你跟李老怎么认识？

苏广伟：因为喜欢拍照，我们走到一起，我跟他认识了20多年。他离世之后，我们失去了一位影友，广州失去了一位“知心人”。

记者：他最打动你的是什么？

苏广伟：李老师的技术很普通，但他的照片可以拍出广州的温度。这点值得所有专业摄影师学习。

记者：这种温度也打动其他人？

苏广伟：李老师在扉艺廊办过一次影展，当时很受街坊欢迎。你知道街坊们为什么喜欢他的照片？因为，他们可以在照片里，看到以前的家在哪里。

记者：跟他去拍照，你发现有什么特别吗？

苏广伟：他的视角。他会从大范围开始拍起，然后逐渐缩小到局部，甚至细微到一个门牌号。

【采访手记】

他看相机的眼神特别清澈

初次见李老，是在2011年底。那是他89岁生日会，我去采访。

他的亲朋好友、老少街坊，都带着礼物而来，20多人一下就把他家的气氛炒热。他就那样静静地坐在中间，笑眯眯地看着我们。祝寿的人嗓门得够大，才能让他听到。他的儿子李易说，那年端午节，李老中过风，身体已经大不如前。

所以，传说中那位“可能比记者还快到达拆迁现场”、“找机位不输年轻人”的老人，我是没机会见到了。

生日会之后，偶尔我也会带上相机，去他家里坐坐。就像探望自己家里的长辈，李老一家都很亲切。李老的耳背很严重，我和他的交谈很吃力，大部分的时间，靠他的儿子和女儿当“翻译”。

每次我从包里掏出相机，李老的眼神就变了。那种眼神，或许是像孩子看到喜欢的玩具，特别清澈。我从来没有在大人的眼里看过那种眼神，在场的街坊也很诧异，“眼里好像闪着光”。

只要我拿相机帮他拍照，他就突然精神了，摆“V”字手，或者其他姿势，把帽檐别到脑后，笑起来露出那颗标志性的门牙。相机交到他的手上，他会抓得特别用力，各种型号都慢慢揣摩一番。当语言无力，我和李老的沟通便唯有相机。

之后的几次见面，我们的交流越来越困难。特别是从2012年8月开始，李老因为牙痛无法进食，入院后病情开始反复。最后的几个月里，他几乎没力气说一个字。但只要有人掏出相机，李老的眼里，又会透出那种清澈的光。

他所真正打动我的，不是“英雄式”的伟大，而是这份纯粹和朴实，很平凡的坚持。或许，这也是广州的气质符号。

我在广州的老城区长大，目睹旧城步步失守。在李老的书房，一箱箱旧照片，勾起很多小时候的一些情一些事。李老的技术和器材，都无法跟摄影师相比，但他的照片会有这样的力量和温度。

后来，我写过几篇关于他的报道，很担心自己会将老人过分拔高。在广州，自发记录城市的人，可能不止李瑞然一人。他们对城市的热爱，那些朴实的表达方式，都值得我们去发现，去记录。

李瑞然在广州荔湾区恩宁西街骑楼景区拍照

采写：南都记者　罗苑尹（李瑞然老人图片，由其家人提供）

陈用发："左撇子"豆浆店主只手撑起一片天

【致敬词】

"有志有爱有理想，做人做事做豆浆"。不向命运低头，他用自立自强的信条重新燃起自己对生命的渴望；重找自我价值，他用小小豆浆店支撑起工伤工友们对生活的信心。互帮互助，共同发展，陈用发告诉人们：单薄的"左撇子"也有大力量！

陈用发与他的“左撇子”豆浆店

陈用发，35 岁，湖南株洲人，住在广东深圳龙华新区，豆浆店店主。

陈用发侧起右肩做辅助，左臂则环绕上去发力，熟练地将一摞豆浆器具搬起挪开，照例打理起店铺来。陈用发的“左撇子”豆浆店，位于深圳龙华新区水尾社区的城中村，这里的统建楼群聚居的多是外来打工族群。此时临近2014年的春节，客人并没平时那么多。“很多人都已回家去了”，陈用发一边感叹，也开始说起自己的2013年。

这一年，他又培训了20来个工伤工友，这算每年的常例；而香港慈善机构的资助到期，则对豆浆店经营模式带来挑战；不过对他来说最大的喜悦，是女儿陈梦岚的出生，他称“自己的人生正变得完整”。

遇工伤失去右臂，开豆浆店再创业

陈用发的人生，在14年前遭逢巨变。1999年才来深圳打工半年，他就在一次机器故障中，右臂被卷入缩水机而不得不进行了截肢。其时陈用发年仅20岁，一度万念俱灰，白天不敢出门，天热也不敢穿短袖。“怕被人看到自己缺了条胳膊，任何一个异样眼神都会让我极度自卑”。

这之后他打了三年官司，拿到了赔偿金。而这期间对陈用发来说更重要的经历，则是与律师收留的工伤伙伴们一起度过的日子，“大家一样缺手少臂，同吃同住同活动”，渐渐的伤残带来的心理阴影一点点淡化了。而有感于工伤工人们维权的艰辛，经过一家劳工服务组织的培训后他做起了NGO，经常到医院和工业区里对工伤工友们进行普法宣传，告诉他们怎样用法律维护自己的权益。

在和工伤工友接触的过程中，陈用发逐渐意识到相比伤残本身，今后如何生活下去显得更加重要。“工厂里不要了，种地种不了”，陈用发说大多数工友拿到赔偿金后便一片茫然，心理上的创伤更难以平愈。陈用发

陈用发

就想着看能做点什么事情，"工伤者能做得来、能养活自己的那种"。几经尝试后，他发现开豆浆店是个途径，"不用太大成本，一只手也能做成"。于是，2009 年，就在深圳龙华新区城中村中，陈用发投资了不到 1 万元钱开了家不足 3 平方米的小店。因为工伤中工友受损伤的多是右手，其后就要用左手多干活，所以豆浆店的名字就叫"左撇子"。

"左撇子"豆浆店并不仅仅是家豆浆店。店门前常备各种普法资料，随时为工伤工友提供法律援助。常会有工伤工友来学做豆浆，其间不用学费还有工钱，学成之后可回去自己开店。最多时深圳、东莞两地有 7 家工伤工友的加盟店。而对于工友来说，除了学谋生技艺，同时还转变了心态。对此曾来豆浆店培训的黄绍炳说法颇有代表性，两只手指工伤瘫痪的他原本觉得自己很不幸很自卑，过来一看陈用发少了只胳膊，却整天还笑呵呵的干活，“他比我严重多了，都能这样子，我就觉得没啥了”。

帮别人“捞了个媳妇”

说起给工友做培训，陈用发起初确是为帮工友谋生计。不过让他津津乐道的是，帮别人还真的就更实惠了自己，他就是在此过程中遇到了妻子黄晓珊。

比陈用发小 8 岁的黄晓珊是潮汕人，2010 年在深圳龙岗打工时偶然发现了一间“左撇子”豆浆店，这是受过陈用发培训的工友蒋成明开的。黄晓珊觉得有意思也想来学做，其后蒋成明便“请示”陈用发意见。由于黄是正常人，陈用发开始就是以正常生意往来程序走，正常人学做豆浆要收培训费，买豆浆机器要按正常价赚利润，“起初我就是想多卖她机器，多赚她钱”。

不巧的是，陈用发卖给黄晓珊的机器不到一月就出故障了。巧的是，陈用发那时刚好学会修理，而他的机器一般半年以上才会坏。从龙华到龙岗，两人借着修理机器又见了面，此后便聊得勤了些。慢慢的陈用发发现“除了生意，还有更大的‘买卖’可以做”。而由于毕竟不是健全人，陈用发开始并不抱太大希望，但多年积累的开朗性格促使他“还是要死皮赖脸争取一下”。

黄晓珊自然也对陈用发的条件有点意见，“毕竟少了条胳膊，担心他干不成活，以后生活有困难”。结果接触久了，发现陈用发早已习惯了没有右臂的生活，自己能搬东西能穿衣洗澡能做豆浆做家务的，“好像除外

陈用发和妻子、女儿在豆浆店内区

貌少个胳膊，和正常人也没啥两样"。黄晓珊逐渐也就不太在意了，反倒发现这人特别健谈开朗，"浑身好像充满正能量"。结果"糊里糊涂"的就在 2011 年跟陈用发回了他湖南株洲老家，"糊里糊涂"的又跟他领了张结婚证。

对于此事，陈用发说自己家人真是喜出望外，"居然这样还能找到个年轻媳妇"。而黄晓珊对家里人则是用的先斩后奏，领了证才回了潮州老家见父母。"我爸妈一看既然这样也不好说啥"，关键是看了媒体对陈用发的报道，观其人确实值得相信。此后的事就顺理成章了，黄晓珊在 2012 年有了身孕，2013 年 8 月生下了女儿陈梦岚。如今一家三口就靠陈用发的"豆浆店"养活着。

"左撇子"要找创业新模式

有了妻女，陈用发说来培训的工友见了心情更容易打开了。"他们一来就担心不能谋生，二来担心没法成家"，结果到这儿一看，工伤更严重的陈用发两者都解决了，"自然就也不担心了"。

话虽这么说，事却没这么好做。陈用发的豆浆店从成立不久开始，就一直由香港一家慈善机构资助着，提供店铺的租金和来培训的工友住宿费用。正是因此资助，也为了能招更多工友来，2012 年 9 月陈用发开了如今这家新店，有30多平方米的正式门店。其时由于成本上升，产品单一经营困难，其他一些工友的豆浆店都关门了。

为了扩大营利面，陈用发在新店开张后就开始开发新产品，豆浆的种类多了，除了豆浆还做玉米汁。如今又搭配了早点，包子、油条、粥类、茶叶蛋等。而在街坊们看来，陈用发这几年确实积累了口碑，同样的价钱，“他这里味道好又干净”。陈用发说，现在的生意比以前提高了40%左右，一个月好的话能挣个万把块，付房租养活家人没问题。

促使陈用发探索新模式的另一个原因，是香港慈善机构的三年捐助期去年年中到期了。此后豆浆店是完全自负盈亏，“压力突然大了起来”。但与以前一样的是，这里仍旧不断有工伤工友前来，2013年从江西、河南等地专门来的都有，“就是看了媒体报道而来”。除了工伤工友，一些健全人士也常来学习。所不同的是，健全人还是要交培训费，工伤工友则免费还包住宿。但没有了外援，他暂时难以承担工友培训外再全职在此做店员的工资了。

陈用发说以后他还是有两个愿望：一是自己努力要养活女儿，让她留在深圳，不用回老家当留守儿童；二来还是要做大店面，形成一个成熟的运营模式，能再开分店有能力解决工友再就业问题。而值得欣喜的是，目前他们的店面已经免税，有关部门和企业家、公益组织也开始关注，“生意也比以前好了”。

【对话】

克服了自卑做啥都一样

记者：刚受工伤时才20岁，什么感受？

陈用发：肯定是很难受，觉得一切都没希望了。不敢出门，不敢让人看见没有右臂，夏天也不穿短袖，很自卑。

记者：后来是怎么克服这种心理？

陈用发：打官司要赔偿那三年，一直和工伤工友一起。一样的人互相抱团取暖，时间长了也就慢慢开看了，毕竟生活还得过。后来也逐渐习惯了没右臂，感觉也没那么可怕。

记者：如何想起开豆浆店了？

陈用发：打官司时受了别人帮助，也看到很多工友事后寻求赔偿的不易，就也投身其中了。接触的工友多了，发现大家更大的挑战是在拿到赔偿后，没有心理寄托了，感觉没出路了，不少人就自暴自弃了。自己就想还是得找条路子。后来就发现开豆浆店可行，投资不大也不费事。

记者：豆浆店开起来又遇到困难没？

陈用发：刚开始3个月很辛苦，自己不懂工序也不懂经营，每天很辛苦只是勉强能保本，心里逐渐就开始焦虑了。后来干脆就关门一段时间，到处走访深圳、广州、东莞的豆浆店，偷师学了不少技艺，2010年元旦再重新开业，生意就好了不少。

记者：工伤工友来店里最大的体会是什么？

陈用发：豆浆店好点了就开始有工友来，那时还有香港一家慈善机构资助，经济上过得去。不过我感觉一方面他们来是学手艺，一方面大家在一块精神上也能互相感染。绝大多数来时都多多少少有些自卑，但一看有比他受伤更严重的整天还积极开朗的，结果走的时候一个个也都被感染了。

记者：你觉得相比手艺，更重要的是精神状态？

陈用发：对，手艺上做豆浆只是一个途径，要是自卑心理克服了做其他的都一样。事实上工伤工友最需要的就是精神上的关怀，所有人工伤后开始都会变得消极。你得让他看到事实，感到以后是有希望，还能赚钱生活，还能成家生子，这个比啥都重要。

记者：如此豆浆店还是要开下去吧，以后有何打算？

陈用发：正在开发新产品探索新模式，到时候成熟了就能复制给其他工友，也能再直接招工友来打工解决就业问题，这是我一直以来想做和在做的事情。今年生活上也有大变化，我有了女儿，今后就是要努力让她过得好些，能在深圳成长、上学、快乐生活，不用回老家当留守儿童。

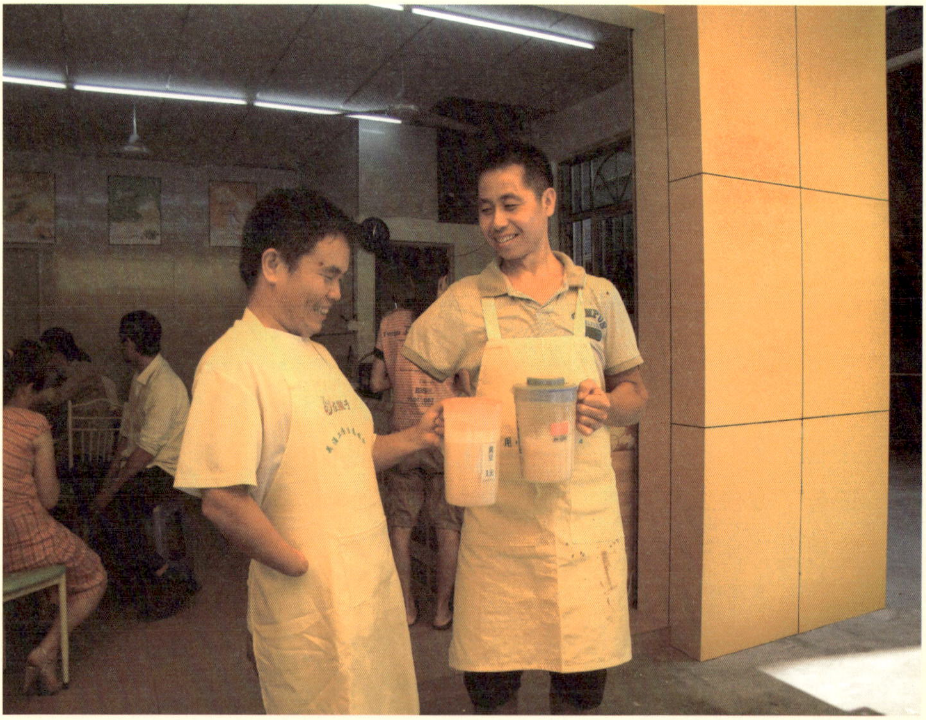

2012年“左撇子”豆浆新店开张，陈用发和同样没有右手的工伤工友蒋成明“击筒相庆”

【采访手记】

陈用发个子不高，声音却沉稳有力。采访过他几次，他都是哼着小调，大步流星地走路上楼。他很健谈，说话间还不时展露微笑，打手势时只剩上面一小段的右臂也跟着晃动，像是仍要使劲做点什么一样。

人们常说，上天对人最大的惩罚，并非不给予你什么东西，而是曾经给过你的，又把它拿走了。陈用发并非天生的"左撇子"，他在青春年华失去右臂，其打击自然更甚。即便是正常之人，也会因为工作不顺、感情挫折、生活压力而常常焦虑抑郁。所以陈用发从工伤中走出，又变成如今这样乐观开朗的模样更不简单。

这个"左撇子"不但顾住了自己，还兼济了工友。他的豆浆店前总放着三份材料，一是现磨豆浆的介绍及制作过程，一是带有他联系方式的"左撇子"豆浆店加盟材料，还有一份则是关于工伤工友如何维权的法律材料。"左撇子"豆浆店开业 4 年多，每年都有十几名工友来吃住培训，来参观学习的更是数以百计。

在陈用发看来，人们并不会因为你的不幸经历，而对你太多偏袒和照顾，"如果我的豆浆做得不好，大家照样是不回来"。所以凡事还得靠自己，就像他给"左撇子"定的工作守则一样："有志有爱有理想，做人做事做豆浆。"

如今在社区里，街坊们也早已不再注意陈用发缺失的右臂。"老板好，来杯豆浆"，"今天收摊早了，这是要偷懒啊"，居民和隔壁店主和他打招呼，一如所有人般随意自然。现在陈用发还当了父亲，经常也抱着女儿来店里转悠下，看到他堆着憨憨的笑脸逗逗女儿，说长大点也给她磨豆浆喝，你会觉得这生活是如此静好。

采写 / 摄影：南都记者　王晓涛

在穗潮汕人：风雨面前，有种义气姓潮汕

【致敬词】

他们身处异乡，却心系家乡；他们在第一时间团结起来，用实际行动书写着潮汕“义气之帮”的传奇。狂风暴雨越猛烈，越能彰显他们对故乡无条件无保留的爱。这种爱，是一种力量；这种爱，更是世代传承的精魂。

欧阳(受访者供图)

余泽龙(冯宙锋 供图 刘禹扬 摄)

在穗潮汕人代表:

余泽龙，广州潮商会会长，目前居住在广州，籍贯广东汕尾；林勇超，林百欣校友会秘书长，目前居住在广州，籍贯广东汕头潮阳区；欧阳，广州西堤二马路电子商家，目前居住在广州，籍贯广东汕头潮南区。

2013 年 8 月 23 日，中大布匹市场商圈潮汕人自发募捐活动

2013 年 8 月，强台风“尤特”使得潮汕地区一度严重受灾。8 月 21 日，汕头市政府召开新闻发布会通报称，此次暴雨灾害中，潮阳区受灾人口达 57.555 万人、倒塌房屋 54 间，潮南区受灾人口 70.5 万人，倒塌房屋 180 间。

灾情发生后，漂泊在外的潮汕人心系家乡，在异地发动起了一场场募捐活动，他们依靠个人力量或者联合当地商会、校友会、同乡会等，通过网络的形式集结城中的多个商圈，募集物资，自发组成了“返乡救灾团”，有的甚至亲自将救灾物资送达灾民手中。灾难面前，他们只是想为家乡的灾民们做一些力所能及的事，无论相识与否，他们团结一致，把彼此都视为“胶己人”（潮汕话，意为自己人）。

2014 年元旦后的第一个工作周，位于松园宾馆的广州潮商会内，工作人员正忙着做节前的大扫除。对于他们来说，这样的忙碌，比起 2013 年的 8 月，算不了什么。“赈灾那时连续几天都没能好好合眼呢。”办公室主任张焕楚回忆道。

2013 年 8 月，强台风“尤特”从粤东地区席卷而过，大暴雨使得潮汕地区一度严重受灾。8 月 19 日，位于松园宾馆的广州潮商会内发出了倡议书，组织在穗潮商参与募捐，在随后的半个多月的时间里，收到了食品、药物等捐赠物资，总价值超过 300 万元。回忆起赈灾的那半个多月，参与其中的工作人员只是淡淡地说了句：“大家都是‘胶己人’，我们也只是尽了一个潮汕人的职责。”

“为灾区的人们贡献绵薄之力”

“真情相牵，爱心无价——广州市潮汕商会‘8.17’特大水灾赈灾公示。”在广州潮商会的办公室内，依旧粘贴着几个月前的赈灾公告。捐助单位、捐助物品、捐助金额，全部被详细列出。“我们还做了写奖牌准备送给他们，只是当时一部分没有留名的人联系不到了。”张焕楚边说边转身从储存室里拿出多做的水晶牌。

“刚开始从手机上看到消息时，感觉情况还不是太严重。随后灾情愈演愈烈，商会决定为家乡受灾的群众做一些事情。”来自潮商会的秘书长吴汉龙回忆道。原本潮商会的工作人员在外地忙着举办首届潮汕文化节，接到通知后立即赶回广州，并迅速投入赈灾活动中。

随后，广州潮商会发出了倡议书，通过微信、微博等形式进行扩散，并得到了在穗潮汕人的支持。倡议书上，有这样的一段文字，“尽力而为，为受灾群众献上我们的一份爱心，为灾区人们重建家园，贡献我们绵薄之力”。

在广州潮商会的影响下，原中山大学东校区的潮汕同乡会会长黄加胜响应号召，加入赈灾活动中。黄加胜回忆道，“家乡所在的潮南司马地区也是此次受灾的重灾区之一，家里不可避免地也被水泡了，但幸运的是，只有一楼被浸，家人都躲到了二楼去了”。

“看到消息时，觉得自己应该利用身边的资源为家乡做点什么，但能做什么、该做什么还不太明朗。”随后，黄加胜给家乡当地的“@幸福潮汕”“@幸福潮南”等几个大V微博发去私信，表示想了解具体的灾情如何，有什么在外潮汕人可以帮忙的地方。随着微博被公开后，黄加胜之后的几天时间里接到了几十个电话，都是与赈灾有关。

游泳 2000 米送物资到重灾区

灾情发生后，作为在穗的潮汕人通过社交媒体的形式了解到了几百公里之外的灾情。作为城中最早发出倡议的组织，“林百欣校友会”，在得知灾情后，第一时间成立了临时救援队，并通过网络以及社交媒体的形式进行号召，得到了在穗潮汕人的广泛支持。

来自“林百欣校友会”的林勇超事先通过微信朋友圈及微博，看到了家乡水灾的情况。在接到校友电话后，他马上答应加入救灾。分布在各行各业的校友在接到邀请后也纷纷加入救援队。他们先是通过与灾区当地民政局和团委联络，获得了灾害和所需物资的详细情况。随后，“救援队”根据需求进行采购及募集充气艇、药物、食品、消毒粉等物资，计划按各个地区不同受灾情况安排分发。

作为城内最早发出倡议的民间组织，“林百欣校友会”在 19 日当天的首次募捐，共募集到 24 艘冲锋艇，矿泉水、方便面等物资 2400 箱。20 日零时，装满物资的两辆货车从广州出发，目的地是潮南灾区。有随队同行的校友更是带上了老婆孩子一起去帮忙。

为了确保物资的顺利送达，林勇超曾在灾区协助救灾，并逗留了 5 天的时间，其回忆道，灾情严重的地方交通极为不便，“但为了将物资送到那边的灾民手中，有校友顶着方便面和矿泉水，游泳 2000 米到重灾区”。有的队员游到一半体力不支，便在途中拿着大竹竿，借着竹竿的浮力坚持到达目的地。

【人物印象】

90后新鲜人：想为家乡做点事

2014年的农历新年前，广州西堤二马路的电子商圈内，依旧热闹而拥挤，几个在亚洲电子城工作的潮汕籍年轻人，也正忙着准备节前要发出的货物。这是90后的欧阳离家工作的第一个新年。对于这样的忙碌，他早已司空见惯，2013年8月时，他曾一度为了家乡的灾民，而忙碌到黎明。

“那个时候，到凌晨两点多还是没能联系上家里人，恨不得能立即回家。”回忆起寻找家人的过程，来自西堤二马路电子商圈的欧阳，语气中掩饰不住后怕。他的家乡位于汕头潮南司马华里西，曾是受灾情况最严重的村落之一。

2013年8月21日，失去联系两天后，欧阳找到了“逃离”家乡的家人，网络上依旧不断传出灾区缺乏食品、药物等信息，随着广州潮商会发出募捐倡议书，欧阳也决定尝试在自己工作的地方发起募捐，为家乡的人做一点事情。集结了商圈内的几位年轻人，开始着手准备募捐的事宜。最终在越秀区精鸿国际数码城协助下，顺利展开了募捐。

草拟倡议书，印制单张，几个年轻人开始在西堤二马路的电子商场内派发传单，并通过社交媒体的形式进行传播。这一头200份传单还未派发完毕，那一头陆续有物资送到募捐点。“搬运过程中，一些刚下班的人，听到是潮汕口音就跑过来帮忙了，一开始只有几个人在搬运，到后面变成了二三十人的搬运队。”

2013年8月23日下午6时，当最后一批物资输送完毕后，欧阳的微信朋友圈里发出这样一条信息：由存心善堂接收的第一批捐赠物资照片已收到，均为志愿者现场采集发送，过程包括从存心善堂接收货物到发放到灾民手中。至此，大沙头及西堤数码捐助物资已全部跟踪报道结束。“在这次募捐前，我们彼此都不认识，为了让捐助公开透明，也让捐助者放心，我们全程都进行了直播。”欧阳说道。

【采访手记】

不是李嘉诚，也爱“胶己人”

2013年8月24日，广州白马服装市场经营者（为在穗潮汕人）组织潮汕地区水灾募捐活动（郑雨楠 摄）

在这一场跨越几百公里的赈灾行动中，“爱”一直无形地牵系着每一个潮汕人。行动中所遭遇的各种困难，或许只有发起者和参与者自知。

“那时连续几个通宵都不能好好休息，也不曾觉得累。”来自潮汕商会的张焕楚这样回忆道。“那个时候只要听到潮汕人的声音，不管认识与否，很多潮汕人都会很主动的过来帮忙。”电子商圈的欧阳曾如此回忆道。同样的情况，在中大布匹市场也上演着，受访者小云曾如此形容，“有时在募捐点找不到人将货物运去发车点，在布匹市场用潮汕话呼喊几个正用三轮车运货的小伙子过来帮忙，即使是素未谋面的也从未被拒绝过。”

2013年，当在穗的潮汕人发起一场场赈灾活动时，微博上不时传出了相关的图片信息，“被抢购一空的超市，塞得满满的货车还有大巴行李舱”。募捐者们在深夜的细雨中挥洒着汗水，直到黎明拂晓前才得以争取时间歇息。在所接触的人群当中，他们有腰缠万贯的企业老板，也有刚进社会的年轻人，他们并非各个都能如李嘉诚般出手阔绰，但却毫无保留地为故土奉献着自己的爱。

“热心的同乡太多了，那几天我基本都是遇到一个潮汕人就随手捡过来要求帮忙。”小云说。即使来到“新一代”，潮汕人团结并善于“抱团”的个性在此次民间公益行动中展露出共性。不同的是，年轻一代“抱团”行善，更善于利用社交媒体，更懂得监督善举的落实。

一方有难，八方支援，潮汕人善于“抱团”的特性在灾难面前彰显无遗。潮汕商会会长余泽龙曾经如此形容：“当有灾难发生时，‘大爱’总是在的。我们都是‘胶己人’，无论身处何方，当我们取得成就的时候要跟家乡人分享分享；当家乡有难时，我们应该第一时间站出来，伸出援手献出我们的爱心，并把这份爱传递下去。”

采写：谭希莹　郑雨楠　叶孜文　钟丽婷

2013年8月24日，广州白马服装市场的潮汕老板组织为潮汕灾区募捐物资（林宏贤摄）

保护驷马涌小组：保卫河涌，街坊在行动

【致敬词】

没有抱怨，不再争论，拿起试管，跨上单车，他们出发了。他们是激情四射的"青春派"，他们是老而弥坚的"银发派"，他们更是笃行明辨的"行动派"。这些街坊，职业不同，年龄混搭，他们以现代公民的姿态聚在一起，只因为那条小河，只为了美丽家园。

广州保护驷马涌小组组织者陈上华（冯宙锋、刘禹扬 摄）

广州保护驷马涌小组：

陈上华等街坊组织志愿者，每周巡查身边一段2公里长的明涌。固定成员12名：慕容燊林、李桂芳、徐云英、凌少媚、蔡爱珍、杜翠珍、戴瑞容、卢洁婷、伍少兰、江丽仪、吴杰唯、吴显逵。其中，组织者陈上华在广州荔湾驷马涌附近的彩虹街家庭服务中心做社工，其他成员都是居住在涌边的街坊。年龄分布从20多岁到60多岁，职业各异。

“为什么大家都是嘴巴能说，脚不能动呢？都说河涌水黑水臭，但没有证据讲不出名堂，我们要用事实、用数据说话。”2013 年 5 月起，社工陈上华和广州老伯慕容燊林组织了一群广州街坊，每周巡查身边一段 2 公里长的明涌。

每周半天，10 余名志愿者分工协作，在河涌取水、检测、记录数据，并记下涌边环境变化，同时，走访涌边居民、作问卷调查。对于牵头人陈上华来说，这是他“自找”的额外工作。那时，陈上华的正职是社工，在荔湾彩虹街家庭服务中心工作。

2013 年 8 月，他与他的伙伴们开始被广州本地媒体关注，那时，反思“亚运”治水、深隧也正是城内的热门话题。

自检河涌水质

最初的思路来自环保组织“新生活”的“乐水行”项目，陈上华参加了项目的一个交流会，学到了怎样对水质进行速检、到哪里买器具，还得到了“新生活”的“启动礼物”——一个从北京带来的 DIY 取水杯。

那是一个白色塑料杯，杯沿上打了个孔，一根长塑料绳穿进去打了个结。为了能让杯子沉下去、取到河涌深处的水，杯上还系了个小网兜，里面装块石头。

测水质是河涌巡查最重要的内容。陈上华做了调查，发现驷马涌 2 公里明涌，上游主要是工厂老宿舍，中游有城中村，下游是新楼盘，河涌各段情况不相同，于是在这三段分别设了取样点。

2013 年 8 月的一个上午，记者跟随陈上华到达上游彩虹文化广场的取样点时，小组成员戴姨、徐姨正蹲在树阴下做检测。三个绿色塑料盒放在地上，分别是溶解氧、pH 值、氨氮的快速检测盒。

把桥边取到的河涌水倒进玻璃取样瓶，拿滴管滴入检测试剂，一会儿就变了颜色，把它放在色板旁边，站起来观察颜色应与哪个值对应，得出大致数据后，记入自制表格中，数据即刻新鲜出炉。

测出数据后，还要给取样瓶和色板拍照留存。十余分钟，三个项目都测完。把取出的河涌水放入矿泉水瓶、贴好时间地点等标签，戴姨、徐姨打开带来的大水瓶开始洗手，“水很脏的，不洗手的话，手腕会痒”。

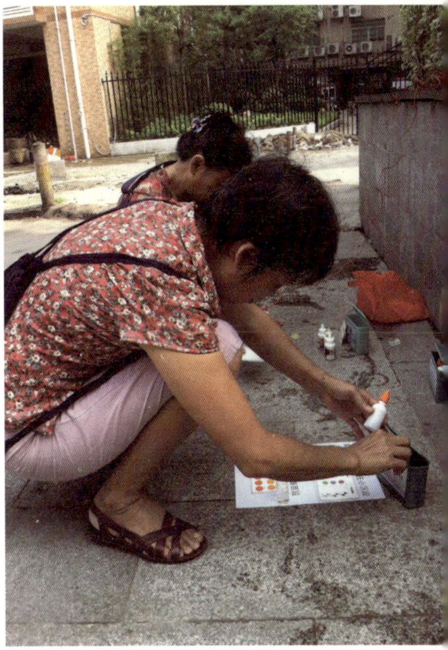

2013 年 8 月，保护驷马涌小组的戴姨、徐姨在测水质（李文　摄）

120 份调查问卷的“做秀”

测水质这项工作只要备齐用具、培训到位、分好工，然后每周坚持即可。对团队更有挑战的则是另一项工作内容：对涌边居民的问卷调查。

“住在驷马涌附近有多少年？水质什么时候比较好，什么时候差？……”一份问卷共 4 页 A4 纸，34 道题，均为选择题，除了向居民了解驷马涌的现状、治理建议，还问到他们对于“亚运”治水的意见。

陈上华在大学学的社工专业科班知识在调查中用上了。单是调查问卷，就先经过了 20 多天、四五十份的“试调查”，还吸收了专家的建议，修改几次后，拿出一份4页纸的正式问卷，目前已做出120份。

“刚开始，居民以为我们是‘做秀’，摇着头说‘没用的’”，甚至以为是政府派来的，很不配合，他们有时解释有时不解释，“不了解的，怎么讲都没用”。

调查进行到快两个月时，这些声音没有了，不少居民一见他们会说“来啦？我跟你讲……”然后主动讲一周里看到的河涌变化，或者河涌的历史。路上遇见，有人会打招呼“又是你们啊，好样的，好好做！”

漫长的影响与缓慢的改变

按照计划，团队将根据水质检测、问卷调查得到的数据，完成两份关于驷马涌的报告，递交给相关的政府部门和环保组织，为将来的河涌治理做参考。

这是一个漫长的影响与缓慢的改变的过程。实际上，小组行动已产生效果。

一次是2013年上半年，河涌巡查开始不久，其所在的荔湾水务和农业局派人来了解情况，他们将一座桥边杂草太多、护栏损坏的情况反映过去，很快，问题就解决了。

另一次是2013年9、10月份，他们被多家媒体关注到，曝光率变高，广州市水务局特地打电话来联络，还邀他们座谈。虽最终未成行，但十一假期过后，他们发现，驷马涌变美了，“水变清了，两边垃圾收干净了，责任牌上打不通的联系人电话也换了，整条涌真的很美！”

“整个团队都很开心，说，看看它能坚持多久！谁知，两周后就变回

2013年8月，保护驷马涌小组的戴姨、徐姨推起自行车，准备去下一个取水点测水质（李文 摄）

去了，水虽然看着还清，但检测出的数据跟以前差不多”，陈上华觉得，不管怎样，“这也证明，政府本来是有能力做好的，但资源能不能用到位、会不会‘懒政’，还需要民众监督，毕竟技术、资源都在政府那里”。

改善只是偶尔，更多的时候，小组成员只能看到绿色泛黑、冒着泡泡的涌水和落叶、垃圾满地的涌边绿化带，区别只是，周一水位高，周四之后水位回落。有时电视台曝光一次，环境能改好一点儿。

但他们仍坚持每周半天的取水检验、走访街坊，风雨不改。“要说最大的困难，是步行太辛苦！后来大家都骑单车来，我们成了一支单车队！”陈上华说。

【对话】

刚开始时有人说“作秀”，有人说“没用的”

记者：组织街坊给河涌测水质，这个想法是怎样产生的？

陈上华：我2009年毕业到广州后，就对一些黑臭河涌印象深刻，去年发现，身边讨论、关注河涌的街坊很不少，我就想，为什么大家都是嘴巴能说，脚不能动呢？后来跟60多岁的街坊慕容大叔一合计，就决定做河涌巡查试一试。最初的思路、巡查办法都是从其他环保组织那里学来的。

记者：你是街道家庭服务中心社工，关于那一带街坊的事，属不属你职责范围内的事？

陈上华：严格来讲不是，这不是我的工作内容，没有人让我做。但说是纯“自找”的，也不准确，这其实是社工应做的职责，是为社区服务。做公益和做工作，在我这里已经分不清了。

记者：河涌边的居民对你们的行动是什么态度？

陈上华：刚开始，居民以为我们是做秀，摇着头说“没用的”，甚至以为是政府派来的，很不配合。我们有时解释有时不解释，不了解的，怎么讲都没用。但调查进行到快两个月时，这些声音没有了，不少居民和我们都熟悉了，相信我们是真的在做事，有的一见我们就会说“来啦？我跟你讲……”然后拉着我们讲他看到的河涌变化，或者河涌的历史。有的还会打招呼“又是你们啊，好样的，好好做！”这些在当时非常鼓舞我们。

记者：坚持做河涌巡查、调查问卷，你们想达到什么样的效果？

陈上华：打算把这两样的数据整理出来，做成两份报告，递交给相关的政府部门，把居民的声音传上去，为他们治理河涌做参考。

记者：这样的话，要见效似乎比较慢。

陈上华：对。但是治水该怎么治，只有政府有资源、有技术，但没人监督、没人问责，他们会“懒政”。其实我们的事被媒体报出来后，政府也有过两次行动，河涌环境多少改善了一下。一次是把涌边垃圾清了，一次是国庆节后，驷马涌的水一下变清了很多，真的很美，整个团队都很开心，说，看看它能坚持多久！谁知，两周后就变回去了，水虽然看着还清，但检测出的数据跟以前差不多。

记者：每周都做同样的事，大半年下来，不会厌烦吗？

陈上华：刚开始时，我也担心过这个问题，因为成员之间不熟悉，工作乏味，但现在的状态是，每个人都很开心、乐意做。主要因为团队在涌边的影响不错，居民乐意配合，团队成员间感情也很好。

记者：在这个过程遇到过什么困难吗？

陈上华：要说最大的困难，不是厌倦烦躁，而是步行太辛苦！后来大家都骑单车来，还能把工具装车篓里，问题就解决了，我们也变成了一支单车队。

【采访手记】

陈上华暂别，街坊还在！

“看到河涌这个样，我真的很焦虑很着急，广州那么多八九十岁的老工程师都出来发声了，但年轻人中这样（关心河涌）的太少，这种社会责任感更需要年轻人传承下去……”

听到这里，我停下脚步，重新看向身边这个才20出头的年轻人。中等个子，额角带汗，面容斯文又灵活，带点棱角的南方口音，和我见过的广州小伙子没什么两样。但从那刻起我记住了他。

那是2013年8月一个星期三的上午，阳光猛烈，树影斑驳，我与陈上华第二次见面，跟着他在荔湾一片居民区中走了两公里路，看河涌的颜色、涌边的泵站，看他们“驷马涌保护小组”的阿姨打水、测水质、拍照片，看小组的大叔、姑娘跟居民聊天、做问卷。

结束工作已是中午，陈上华送我去附近的公交车站，路上跟我讲了上面那些话。我突然意识到，这个小伙子不一样。

对城市发展的焦虑、着急，很多人都有；愿意讲“社会责任感”的年轻人，也不是没有。但他将这种焦虑和责任感付诸行动，并且自行组织了一批志愿者坚持了几个月，还热情不熄，这是难能可贵的。

之后的很多次见面，印证了我那时的感觉。见面都是在与广州河涌治理有关的座谈会、走访活动上，有的是他邀我去旁听，有的是采访时碰巧见到。

他有时负责盯电脑、放PPT，有时会参与讨论。遇到专家讲比较复杂的水闸、拍门的构造与功能，他会提醒专家“讲白话吧，街坊更易懂”，

2013年8月，保护驷马涌小组的蔡姨在巡查河涌(李文 摄)

或者直接帮忙解说。那时，广州一些老工程师、治水专家与他联系上，他听过不少场报告，也查过资料。

有几次讨论是他组织的，就在他工作的地方，有专家有街坊有记者。他忙着布置会场，准备投影仪，播放PPT，随时上网查资料，结束后招呼合影，收拾残局。有时还没忙完，旁边办公室里的同事已经围一起吃盒饭了。

2014年初，陈上华已经离开了当时工作的彩虹街家庭服务中心，不再做社工。用他的话讲，生活所迫，要去谋一份更赚钱的工作。而“保护驷马涌小组”的事，街坊们仍在继续，60多岁的街坊慕容大叔接过陈上华的旗子，带着街坊走下去。

采写：南都记者　李文

美国妈妈罗恩惠：要让这些孩子发出亮光

【致敬词】

散尽家财，砸锅卖铁，只为帮助一群可怜的孩子。当一个国人这样做，足以称之为“大善”；当一个外国人这样做，就足以称之为“至善”。她漂洋过海来到地球这一端，陪陌生的孩子们蜗居在城中村。在中国这座先富之城，她的愿望不是富起来，而是爱下去。

美国妈妈罗恩惠（冯宙锋、刘禹扬 摄）

罗恩惠，54 岁，美国人，现居深圳，是深圳公益教育机构“应许之地”创办人。1996 年，在深圳开办外语培训机构；1998 年，得知养子摩西患严重自闭症，为让摩西得到有效治疗和培养，自学关于自闭症治疗与护理知识，还利用周末时间到香港协康会做义工，在医护人员的指导下慢慢掌握一套引导自闭症孩子学习、生活的方法。而后，因发现其他自闭症家庭的困境，于 2009 年开设专门为残障孩子提供教育的公益机构，并一直坚持至今。迄今该培训机构已让 50 多个家庭受益。

四年多前，美国人罗恩惠几乎是砸锅卖铁在深圳创办了一家名为“应许之地”的教育公益机构。这家因资金不得不蜗居在城中村里的教育机构目前有20多个孩子，主要是自闭症患者，还有一小部分是脑瘫儿和智障儿。孩子们大多非深圳户籍，无法享受政府残障补贴；更甚者，被双亲遗弃成为孤儿。

它的创办人罗恩惠，曾是一家外语培训机构的负责人，是深圳市人代会史上首位外籍旁听人士。

这所机构的生源决定了罗恩惠无法收到足够学费，自运营之日起，学校就一直是亏本运营。即使是环境略好的家庭，交的学费也是象征性的，大多数家庭每月仅交500元左右，最多的家庭每月交1500元，约两成家庭分文不出。而深圳一家普通自闭症学校收费都在每月2500元左右。每个月3万元的房租，还有4万余元的老师工资，压得罗恩惠有些喘不过气来。尽管依靠香港和深圳朋友的捐赠，罗恩惠的学校勉强运转，但连学校的厨娘也开始抱怨，已买不起新的砧板。

缘起：天桥弃婴与美国妈妈

1996年，在美国一家跨国公司从事管理工作的罗恩惠卖掉房产和股票，漂洋过海来到神秘的中国。之后她顺利在深圳开办了一所英语培训机构，日子顺风顺水，直到1998年，她在东门天桥上发现了一个两岁的弃婴。

抱去医院检查后，医生给了一个让人绝望的答案：孩子患脑瘫，还有不定时发作的癫痫，从医学角度说，没有方法让他痊愈。出人意料却又顺理成章地，罗恩惠收养了这个男婴，给他取名摩西（和《出埃及记》里的先知同名）。慢慢地，摩西被发现患有自闭症。罗恩惠央求在美国的姐姐邮寄相关书籍，利用周末到香港协康会做义工，学习如何引导自闭症儿童生活和学习。

罗恩惠跟学校里的孩子在一起（陈文才 摄）

因为经常来往深圳儿童医院，罗恩惠因此结识不少同病相怜的家庭，一些陷入困境的自闭症儿童家庭抱团取暖。虽然深圳已开设有私立自闭症训练机构，但多为自闭症患儿家长开设，收费高，准入门槛不规范。不少家长面临自闭症孩子无法入学的困境，罗恩惠由此萌生开办一家特殊儿童教育机构的想法。

2009年，罗恩惠离开自己一手创办的英语培训机构，在蛇口半岛花园创办了一家小型公益性教育机构，自己担任全职老师，亦开始招兵买马。

随着慕名而来的孩子增多，半岛花园的斗室变得拥挤起来。第二年，学校搬到南新路工业区，一平米30元的租金，已是罗恩惠努力与房东唇枪舌剑的结果。这年年底，学校所在区域又被南山区政府规划为旧改区域，将破土动工建购物中心，学校必须迁走。

“当时为了钱，真是急红了眼”，想起那段最困难的时光，学校里教龄最长的老赵唏嘘不已。学校从工业区搬走、另觅新地也意味着还需一大笔资金，“当时几乎能借的地方都借遍了，罗老师的白头发也多了不少”。

如今，学校终于在深圳公园南路扎下了根，搬家搬怕了的罗恩惠一口气跟房东签了八年长租合同。“感觉就像是颠沛流离的人终于安定下来了一样”，见证学校一路走来的郑老师透露，学校新址装修好时，老师们恨不得抱头痛哭。

初衷：让孩子有未来

2011年9月10日傍晚，深圳出租车司机张先生拉客户路过深莞交界处某公路时，看到路边有个20多岁的小伙子手舞足蹈地向飞驰而过的旅游大巴打招呼。家有6岁自闭症儿子的张先生当下心里一沉——这个小伙子莫非也是？小伙子阿才的母亲印证了张先生的担心。

张先生后来几次开车路过那里，都能看到阿才在路边“站岗”。看到阿才一家处境的张先生琢磨开了，能不能帮阿才找所学校？热心的张先生随后在网上搜到罗恩惠的学校，后者几乎不假思索就接收了阿才。如今阿才已在“应许之地”度过了近两年的快乐时光。

在这里，阿才从一个连穿衣和上厕所都不会的孩子，慢慢学会了打理自己，他甚至能够安静地串起一串彩色珠子，将杂乱的文件夹整理好，向陌生人伸手问好。

阿才的同学、患有脑瘫的笑笑在这里接受发音训练时，需要在一面巨大的镜子前，看着老师的口型依葫芦画瓢。笑笑的妈妈是盲人，父亲酗酒，这个18岁的男孩，仅有右眼能看见模糊影像，和那些喧闹的孩子相比，他不爱说话，上课时也常常自顾自发呆，像墙角的一团模糊的影子。为鼓励他开口说话，罗恩惠常在他身边放一盘切成碎丁的水蜜桃，如果他答对了，就往他嘴里送一颗。

“我们要做的事情，就是让他们有未来”，罗恩惠说，她最重要的工作，就是让更多的人看到，这些自闭症孩子并不是“可怜的人”，他们有自己的亮光。

困境：资金短缺，学校苦苦支撑

学校老师小农透露，学费对于学校来说，基本是杯水车薪。因为只有一到两个孩子家境稍好，其余孩子全是来自务工人员家庭。有两三成的孩子家庭非常困难，学校几乎全免学费，而罗恩惠也几乎从没有开口跟家长提过加学费。

有老师透露，这里的师资和设备并不比其他学校差，收费却只有人家的 1/3。学生家长李雄透露，因女儿病情相对严重，他带女儿跑了不下五家特殊教育机构，学费基本在每月 2500 元到 3000 元之间，唯独“应许之地”只“象征性”收了 500 元学费。

事实上，学校在每天放学后还得接收其他特殊的孩子。根据深圳市的规定，达到一定标准的自闭症儿可到正常小学上学，但因效果不佳，有些家长还会在这些孩子放学后将孩子送到罗恩惠这里“开小灶”。家长林小姐透露，儿子虽如愿进入小学，但因是大班管理，老师精力有限，没有一对一的训练，孩子的行为和语言能力出现退化，因此不得不又将孩子送到罗恩惠这里。每当放学，这里要接收五到六个这样的孩子，而收费亦是象征性的，以不增加家庭负担为原则。

“现在非常需要钱”，罗恩惠说这话时，H7N9 禽流感的流行正让学校老师如临大敌，生怕有孩子感染。因为他们的抵抗力比正常孩子要低，任何病毒可能都是致命的。学校想买紫外线消毒灯，但“一个子儿都挪不出来了”。

好在好心人们给罗恩惠捐助了 80 万元。而随之而来的各种表彰却让她十分疲惫，“我希望能关注这些孩子，他们是最需要帮助的，不是我”，罗恩惠说。

【对话】

为商业赶走公益机构，在美国是很难想象的

记者：摩西患有自闭症，为什么收养他？

罗恩惠：我当时询问了派出所，但等了很久，他的父母都没有出现，我想应该是命中注定他会变成我的孩子。

记者：你怎么会想到自学自闭症课程？

罗恩惠：我在美国上学时，学校里就有自闭症孩子，我们对待他们，也像正常的孩子一样，不会有歧视。在美国，特殊教育的发展方向就是保证每一个残障儿童都有受教育的机会，并且是他们所需要的特殊教育。但我到了中国后发现，特殊教育存在明显不足，因此我便产生了自学的想法。

记者：是什么触动你来开设特殊教育机构？

罗恩惠：当时我曾尝试将摩西送到特殊教育学校，后来我发现，很多一起送孩子上学的家长，都面临着经济上的问题，他们是来深圳务工的劳务人员，本来工资就低，还要支付这么高的学费，根本吃不消，所以很多家庭都半途而废了。这对于孩子来说，是个很大的悲剧，因为自闭症介入越早，康复情况就越好，如果放任不管，孩子的情况会变得很糟糕。

记者：现在你的特殊教育机构最大的问题是什么？

罗恩惠：资金，我们能节省的钱都会尽量省下来，以便能够支撑下去。去年，我们的机构面临搬迁，因为区政府要在那个地方建购物中心。要知道，在美国因为建商业机构而赶走为特殊儿童设立的公益机构，是很难想象的。

记者：你现在还能坚持下去吗？

罗恩惠：我们一直很努力，希望让这些孩子变得更好，让他们的家庭变得更好，这是努力的方向。我会竭尽全力。

记者：有没有想过你的机构的未来方向？

罗恩惠：未来会有更多的孩子需要帮助，我们希望能让课程变得更完善，能让他们在这里学到东西。当然，我们要预计到钱会有花完的时候，我们要做好储备。

美国妈妈罗恩惠（陈文才　摄）

记者：您似乎对表彰很排斥。

罗恩惠：不是排斥，我知道他们也是好意，但我觉得，重点还是要放在这些孩子身上，多关注他们和他们的家庭。

记者：您最大的愿望是什么？

罗恩惠：我死了之后这家机构还在，就这么简单。

【采访手记】

认识罗恩惠，源于和一个采访对象的聊天。这个采访对象的女儿，患有一种相当罕见的遗传疾病，因当时深圳只报告了5起类似病例，这个采访对象几乎陷入绝望。孩子情况实在太特殊，没有教育机构愿意接收，后来，她找到了罗恩惠。

而罗恩惠的学校，跟想象中有太大不同，没有太多花里胡哨的装饰，也没有整齐划一的陈设，但设计十分人性化。墙上歪歪扭扭的作品，是孩子们亲手做的，并不好看。但罗恩惠说，这会让孩子们的父母看到希望。她甚至专门找朋友搜罗来旧衣服，专门由老师来教这些孩子怎么叠衣服。

罗恩惠的学校没什么钱——超过一半的孩子交不出学费，交得出的也只是杯水车薪，她不忍心让这些家庭雪上加霜。但让她最揪心的显然不是财政状况。她最不喜欢见到的，是有些孩子被家人遗弃，她甚至不惜在电话里对一个希望将孩子留在机构里过年的家长嚷嚷："你还有资格做一个父亲吗？"

在罗恩惠看来，有些我们认为的问题，并不应该是问题。例如对于残障孩子的保障，并不能因为是否拥有户籍而区别对待。她认为，若是能将这些特殊的孩子照料好，是对这些家庭最大的救赎，远比修建所谓的经济中心要重要得多。

而我们看来稀松平常的现状，在她看来却有许多的不能理解。比如，在被媒体报道后，为何这么多机构愿意给她颁奖，给她奖金，却不愿意在机构最困窘的时候，施以援手？为什么这些家长宁可遗弃自己的亲生骨肉，也不愿意承担应该承担的责任？为什么这些最应该被关注的群体，却一直被视而不见？也许，这些她不能理解的，正是我们需要认真解读的。

采写：南都记者　文　婷

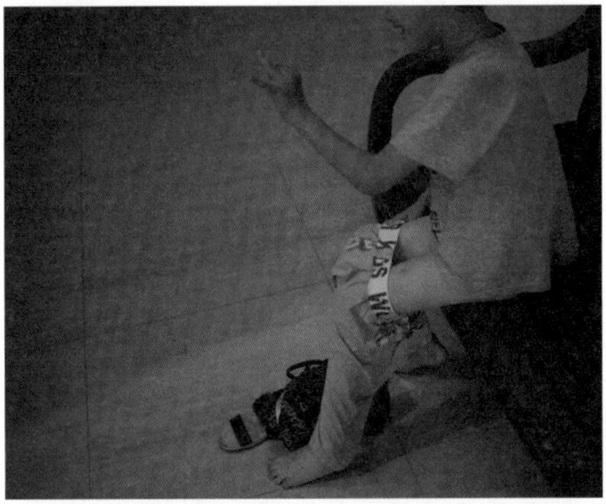

（上中下图）罗恩惠学校里的孩子（陈文才　摄）

“破烂王”尚炳辉：流浪者回家的路因你而亮

【致敬词】

这个时代不缺高调的慈善家，缺的是十八年如一日心怀慈悲做着大善之事的平民。他是“破烂王”，每天所做之事不过是收集城中废品，默默无闻；他是个大写的人，将家门向陌生的流浪者聋哑者老者敞开，毫不犹疑。他以平和而坚定的姿态，向世界宣言：废品尚可收集，人心岂能遗弃！

尚炳辉（冯宙锋、刘禹扬 摄）

尚炳辉，40 岁，安徽人，现居广州，某废品收购站老板。在广州旅居了十几年的尚炳辉做废品收购起家。现在，他在天河客运站附近拥有两个规模不小的废品收购站。那里不仅是他的谋生之地，也是流浪者的聚集地，是他们回家的中转站。一年内，尚炳辉以他的废品收购站为“基地”，为十几名流浪者铺平了回家的路。

聋哑人、腿脚不方便的人、精神分裂症患者、不敢回家的人、忘记了回家的路的人……都得到过他的帮助。他说，要尽量帮助更多的人回家。

2013 年是安徽人尚炳辉在广州生活的第 14 个年头，他的废品收购站在天河客运站附近已初具规模。这一年，他先后获得了“天河好人”、“广州好人”、“广东好人”的称号。每个月，他会拿出收入的 30% 作慈善。这一年，他帮助的流浪汉、残疾人、孤寡老人、小孩超过 20 名。这些人多数都在他的帮助下，与亲人团聚、回家。

替流浪老人微博寻亲

2013 年 3 月，尚炳辉在自己的废品收购站里遇到了流浪 20 年的聋哑人刘国利。通过文字交流，他得知老人来自黑龙江伊春，老人还能够清晰地记得家人的名字和家庭住址，只是因为聋哑与贫穷，他才无法回家。

1993 年，刘国利与妻子离开黑龙江伊春老家，前往山东威海打工。在火车站，他与妻子走失，从此浪迹天涯。6 年前，他来到广州，在火车站、滘口、天河客运站附近流浪。

“每天都捡空瓶子来卖，一次只有十几个，我就给他五块钱。”尚炳辉说看刘国利年纪大了，有一次他来卖瓶子，就给了他 20 元，“他摆手不要，别的流浪汉都巴不得多拿一点，他竟然不要。”觉得刘国利是个好人的尚炳辉开始了解他的故事。随后，尚炳辉帮助他联系伊春市民政局，并通过微博帮他找到了家人。

刘国利的儿子说，爸爸是因为儿时的一场疾病而导致失聪、失语，后来在聋哑学校遇到了妈妈。“他们一起读书，用手语交流，毕业后一起工作。然后一起去威海，后来他们走散了，爸爸就找不到了。”刘国利在北京当厨师的儿子，正是看到尚炳辉发的微博后，赶来广州，把父亲接回了家。尚炳辉的废品收购站，也成为 56 岁的刘国利在外面流浪的最后一站。

2013 年 5 月 14 日，尚丙辉又伸援手，助离家十多年的湖北流浪老汉回家(邹卫 摄)

现在，刘国利与妻子生活在家乡的养老院，他在 20 年前被注销了的户口也被重新登记。尚炳辉与他的家人成为了好朋友。"上周末刘国利的姐姐还给我打电话，邀请我去东北玩。我一听那里零下 30 多度，没敢去。"尚炳辉笑道。

有困难来这儿吧

2014 年春节快到时，尚炳辉的废品收购站多雇了 8 名员工。"他们都是在附近打工的外省人，因为老板没发工资，没钱回家过年，我就叫他们在我这干，干几天挣够回家的路费。"尚炳辉并不计较他们的工作量，只打听好他们回家需要的车费，然后按照往返的车费给他们发放工资。

“有个人只干了一天，说要走，我也给了他两百元。”尚炳辉说。曾经有一位流浪老人来废品收购站卖了十几个矿泉水瓶，当时尚炳辉没零钱，就给了老人100元，让老人出去吃个饭，再把找的钱拿回来。“他拿着钱就走了，再也没有回来。”尚炳辉并没有因这样的“受骗”而不再帮助其他人，他仍旧会同情只拣到三五个瓶子来卖的流浪者们，几乎每次，给他们的都远远超过收废品应给的钱。

尚炳辉说生存不是一件容易的事情，能够多给流浪汉们一点钱，就会多给他们一点。

2013年11月，尚炳辉认识了左腿不方便的黄宗文。因为一次事故，黄宗文左腿内的两根钢筋让他无法正常站立与行走。“连餐厅服务员都做不了，最后沦落到捡破烂”。黄宗文多年没有回过广西老家，在尚炳辉的废品收购站卖矿泉水瓶的时候，尚炳辉注意到了他。

“我问他为什么不去工作，为什么不挣钱把腿治好。”尚炳辉了解到黄宗文的情况后，掏出8000元，送黄宗文进医院做了手术，将腿里的钢筋取出。两个月之后，黄宗文康复。

“我就像重生了一样，能够像正常人一样找工谋生，还可以回家见父母。”2014年的春节前，黄宗文带着尚炳辉的祝福，回到了阔别多年的老家。

习惯性地嘘寒问暖

2013年5月，尚炳辉替一名流浪汉找到家人；6月，他资助了一名被收养的女童；7月，帮一名没找到工作的湖南人开了家废品收购站；10月，将一名腹部受伤且有精神疾病的流浪汉送往医院治疗；2014年1月，他帮助一名流浪女子联系到家人，让他们一家团聚……

尚炳辉说自己都不记得这一年一共帮助了多少人。他自己经营的废品收费站每个月有一万至两万的收入。他平均每个月拿出收入的30%，资助有需要的人。

尚炳辉在2013年4月7日的广州天河区长兴街道办“天河好人”座谈会暨“天河好人正能量传递行动”启动仪式上（邹卫 摄）

“各种各样的人，只要来我的店，我就跟他们聊天，看到有需要帮助的，就尽力帮帮忙。”尚炳辉说。

过去的一年，尚炳辉养成了一个习惯，凡是来他的废品站卖废品的流浪汉，他都会习惯性地问一问人家，你家在哪里，为什么要流浪，钱够你今天吃饭吗？很少有流浪汉曾被这样关心过，这些被询问过的流浪汉，对尚炳辉都心存感激。

“我就是认尚大哥，其他人都不认。”流浪了四年的叶勇凡说。尚炳辉替他找到了失去联系四年的父亲，他却并不愿意回家。面对85岁的老父亲，叶勇凡会争吵。但面对尚炳辉，他却听其所有的话，对他有着全部的信任。

“我真的做不了什么，只是尽自己的一点心力，在自己能力范围内帮别人一点。几千块对我可能不算什么，但对人家就是一笔救命钱。”尚炳辉说，他不觉得自己是在做慈善，只觉得是顺便帮人家一个忙。

【对话】

女儿和老婆很支持我助人

记者：第一次帮助他人是什么时候？

尚炳辉：早就记不清了，随手给流浪汉十块二十块的，根本就不算什么。

记者：怎么想到要送流浪汉回家？

尚炳辉：最开始只是抱着试一试的心态，尤其是最早遇到的那个聋哑老人。他无法听和说，但可以准确地写出家庭住址，亲属的姓名，自己的姓名等等。问他想不想回家，他说想。所以就抱着试一试的心态联系了当地民政局，结果真的把他家人找到了。

记者：所以之后遇到流浪者都要问一问想不想家，记不记得家乡在哪？

尚炳辉：是呀，尤其遇到一些年轻人，就会问为什么背井离乡靠捡拾废品为生。他们很多人都渴望回到家乡，只是因为没钱或其他原因不得已在外漂泊。遇到能够说出自己家乡以及名字的，我都会打电话到当地民政局求助。

记者：通过民政局都能联系到这些流浪者的家人吗？

尚炳辉：多数时候都可以查到，只是有时电话可能不通，住址也改了。但本地人一般都能找到熟悉情况的人，通过镇、村或者大队找到家人。

记者：有没有算过你这些年帮助别人的花费有多少？

尚炳辉：这个还真不知道，没算过。去算也没有意义。我自己的生活并没有因此而拮据，虽然没有变得更富裕，但我也满足于目前的生活。

记者：家人怎样看待你的这些行为？

尚炳辉：我女儿在广州读大学，她很支持。我老婆也很支持。现在我也是中国好人网的好人代表，更有义务去做这些事了。

记者：在帮别人的过程中，有没有不被理解或觉得心酸的时候？

尚炳辉：我不怕被骗，不怕别人说我争名夺利，就怕那些需要帮助的人不接受我的帮助。看到他们与家人团聚，我也很开心。

【采访手记】

尚炳辉刚刚年过四十，体态偏胖，手上戴只金戒指。乍一看，像个“暴发户”。他是两个废品收购站的老板，手下有约 10 个工人。

初始，我以为他帮人是意外。因为聋哑老人刘国利思维清晰，儒雅善良，他用纸笔与之交流后，联系到老人的家人，最终得以一家团聚。当时全城媒体云集，尚炳辉在闪光灯下侃侃而谈。那时，我并不太喜欢他。

后来，我以为他帮人是为了出名。他被评为“天河好人”，继而“广州好人”、“广东好人”。他给我打电话，说他又帮了谁，又让谁回家，又治好了谁的病。我觉得他需要媒体为他宣传，以便与他的名号相称。那时，我反感他，即便是写流浪者与亲人相见，我都会刻意淡化尚炳辉这个名字，只说是废品收购站老板。

再后来，我发现自己错了。

十个被他帮助的人，他可能会告诉我一个。之所以告诉我，是他觉得自己的力量不够，希望媒体能够帮一把。再后来，我发现他帮助的人太多太多，多到他自己都说不清楚了。他的废品收购站，时时刻刻都有过来蹭饭的流浪者；他的家，也常常有因为寒冷而被他邀请回家的流浪者；他的电瓶车后座，常常坐着过来寻亲的神情焦急的人；他的手机里，满是他储存的流浪者照片与亲属联系电话。

不是每一个流浪者都能成功找到家人。很多时候双方都充满希望，最终却发现并非此人。这时的尚炳辉会异常落寞，通常他送走认亲却失望而去的人后，会带着流浪者去馆子里吃一顿好的，然后继续替他寻亲。

不久前，他再次帮一名流浪半年的姑娘找到家人。我不知道，世间怎么会有这么多无奈的流浪？这么多无奈的流浪者，为何却只有一个尚炳辉？

采写：南都记者　杨希越

特别致敬：郑益龙

英雄长逝珠江畔，妻从夫志军中花

【致敬词】

人生没有彩排，人性确有大勇。毫不犹豫地纵身一跃，他给羊城留下一座丰碑。英雄上尉，慨当以慷，舍生取义，侠骨永香；云山苍苍，珠水泱泱，壮士之风，山高水长！

郑益龙烈士追悼会

郑益龙，武警广州支队第四大队副政治教导员，广东潮阳人，牺牲时34岁。2013年3月1日下午，郑益龙在珠江西堤码头边跳江勇救落水群众，体力不支被江水冲走，三天后发现遗体。后被追授“全国见义勇为模范”、“广东青年五四奖章”、“为民献身忠诚卫士”等荣誉称号。

郑益龙1997年12月参军，1998年12月加入中国共产党。入伍16年来，历任战士、排长、司务长、副中队长、政治指导员、副政治教导员，先后参与了“98”抗击特大洪水、奥运火炬传递安保、深圳大运会安全保卫等重大任务，3次荣立三等功，1次被总队评为“优秀共产党员”。

2013年12月24日，庞洪雨正式特批入伍，进入丈夫郑益龙生前所在的武警广州市支队。他用14秒冲到岸边跳江救人，而她用了10个月的时间坚强振作，“重新开始”。

结婚三年，郑益龙留下九个月大的儿子，却因为部队任务，始终欠她一张结婚照。她说：“他用跳入江中溅出的晶莹浪花，代替了世界上最白最美的婚纱。”

为了和梦中的他贴得更近，庞洪雨甘心放弃优渥的教职，为自己披上一身橄榄绿，“像他一样”，是她为自己立下的标准，每每默念，都是力量。

“一个人不重视名誉，就没有底线”

“如果遇到有人落水，你可不可以不下水救人？”庞洪雨曾问过丈夫这个问题。郑益龙回答，会考虑家庭和儿子，但她知道这只是“敷衍”，他还是坚定地说出，“最危险的时候，才是军人实现价值的时候”。

庞洪雨怎么也没想到，这一刻真的发生了。2013年3月1日下午2时28分，郑益龙途经珠江西堤码头，看到一位游客不慎跌落江中，便纵身跳入江中救人，留下的最后一句话是“你别动，让我来！”他把群众扔下的救生圈给了落水者，自己却被滔滔江水淹没，三天后遗体才被发现。

事后人们才知道，那两天他刚腰伤复发，走路都很辛苦。这不是他第一次与病痛抗争。武警广州市支队四大队教导员王韬回忆，2008年年终考核，郑益龙也是腰病复发，痛得难以起床，在考核组领导已经同意他免考的情况下，他担心影响部队士气，主动向领导请战并坚持参加了考核。在他的感染下，中队官兵最终取得了总评优秀的历史最好成绩。而这也是他一直以来的心愿。

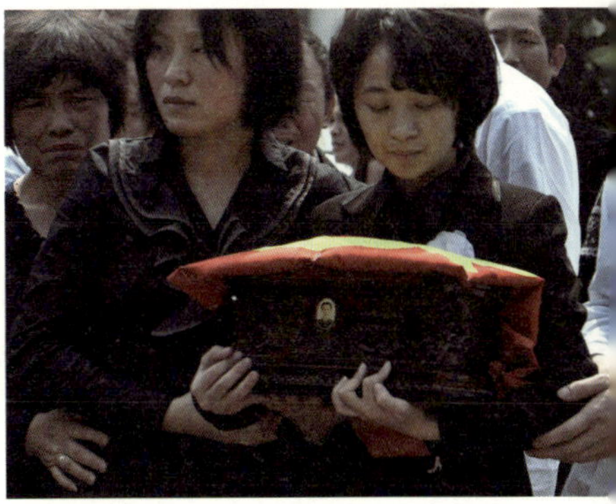
妻子手捧烈士的骨灰盒(林宏贤 摄)

“他是一个非常重视名誉的人，就连刷碗这么不起眼的任务也能得到上级的嘉奖。”庞洪雨说，早在湖南当兵时，冬天战士们轮流洗碗，天冷都很马虎，只有他洗洁精抹过一次不够，再用热水泡一次。习惯了碗上残留油渍，当中队长发现盘子光洁如新后，一问才知道是郑益龙洗的。“一个人如果不重视名誉，他就没有底线，这该多可怕啊。”郑益龙曾这样对庞洪雨说。

郑益龙牺牲后，庞洪雨记不清代他参加了多少纪念活动，领受了多少荣誉，“他看到会很欣慰，虽然他走了，却用生命捍卫和赢得了自己的名誉。”庞洪雨如今所在的支队心理办公室，书橱里还放着《郑益龙学习资料》的厚文件夹和纪念专册，她不敢去碰，生怕泪腺再次翻涌。

“为家人做任何一件小事都是幸福的”

回忆有多少，眼泪就流了多少。庞洪雨曾经有过一次，以为从此失去了他。那时他们刚交往半年，还未确定关系，毫无预兆的，他“失踪”了一个月，音讯全无。等他再次出现时，答案才揭晓，因为严重的腰椎间盘突出，他担心手术麻醉副作用，坚持只身赴佛山住院进行物理治疗，没有告诉任何一位亲友。他怕自己此生难以下床，不愿耽误小雨，坚持断绝联系，直到康复。

那一次，她认定了他。她发现自己不急着追问缘由，也没有丝毫怨怼，只剩重逢的惊喜。相恋三年后，他们登记结婚。六年的相知相恋，相聚的日子加起来不过一年，但她却觉得格外的幸福，因为爱从每一个电话、每一个细节里溢出。只要他在家，他便包揽所有家务，“加倍地补偿”妻子，甚至连手机充话费这件小事，也抢着为她做，更别提节日里浪漫的鲜花和偷偷放去她单位门卫室的礼物自行车，“为你做任何一件小事，我都是幸福的”。

岳父岳母也早早放下了对潮汕“大男人”的不放心，将他当做亲儿子看待。岳父大病出院，他记下长长的复诊时间表给他，一到时间就电话提醒，怕老人家听不清医嘱，复完诊又亲自联系医生过问。

出事那天，他本来是请假陪岳父去中山二院看病的。跳下江前，他放下了岳父的病历本，脱下军装和皮鞋，摆在石墩旁。雕塑师唐大禧公开表示，希望保存下这个场景，在他救人的地方为他修建一座纪念碑。

从军是他毕生的梦想

军营是郑益龙毕生的梦想。他曾说，“上帝给我开了两扇窗，第一扇，小时候学习不好，最后却考上了军校；第二扇，文化水平不高却有机会做政工干部”。

18岁入伍，16年间，他先后三次荣立三等功，多次被评为优秀基层干部、优秀共产党员。他将军旅生涯视作事业，“离开军营的生活不敢想象”。他工资不高，为了买房一度经济拮据，许多朋友曾劝他退伍经商，他也从未动摇，不改其志。

这个铁骨军人，也有无数柔情瞬间。在驻守广州市海珠区看守所期间，一位孕妇来到看守所门口，手持水果刀想要自杀。郑益龙得知后赶到现场，将刀从她手中抢下。他不顾被划伤的手，一边安排食堂为她开小灶，一边给她讲法律知识，做通她的思想工作后，还亲自帮她买了一张返乡的火车票，把她送上火车。

在武警海珠中队任职时，他了解到中队附近有所民办学校经常有学生因交不起学费而辍学，于是坚持每月从工资中拿出 500 多元，和战友们一起进行资助，前前后后已帮过数批 10 多名学生。而遇到路边乞讨的老人，他也都会每每给上二三十元。唯独对乞讨的孩子，他从不给分文，显出军人的一身正气，义正言辞地教育带着孩子的大人：从小带着孩子乞讨，让孩子以为可以不劳而获，容易产生扭曲心理，将来对社会没有用。

为了改善战士们的伙食，他会亲自下厨做几道拿手好菜，还半夜查铺帮战士盖上被子；战友谁急着用钱，他第一个垫出或捐出钱来……许多战士都能回忆起与郑益龙共事的快乐片段："这样地地道道的好人，上哪儿去找？"

庞洪雨回忆，即使在家里，郑益龙心里仍时时牵挂着军营，曾不止一次在清晨从家中的床上惊醒，连问自己在哪儿，怎么不在部队。带着几个月大的儿子，他时常逗弄他敬个军礼、"正步走"。

在庞洪雨的梦里，他每次都穿着军装，平淡地说，"没事，我回来了。"庞洪雨开始相信四维空间，他没有离开，只是在另一个世界里看着她。她说，她曾经是在他庇佑下的小女人，什么都不用想，现在她将代替他站在军人、父亲、儿子、朋友等等所有位置上，坚强地走下去，"最困难的时候我都挺过来了，只要咬紧牙关，不拿困难当做羁绊和借口，过了又是新的开始。"

她穿上那身军装，想离他更近一些

2014年年初见到庞洪雨的时候，她已经被武警总部政治部批准特招入伍，授少校警衔，分配到丈夫生前所在单位武警广州市支队，担任心理咨询和辅导的工作。几周来，网络上的流言蜚语还未散去，质疑“特权”待遇的不在少数。庞洪雨带着委屈和不解，更多的却是内疚，生怕因为自己而给部队“抹黑”。她知道郑益龙视荣誉为生命，而她来到这里，郑益龙就是她的“标准”。

其实，华南师范大学心理学专业硕士学历、广东省商业职业技术学校五年工作经历和讲师职称，完全符合军队特招地方专业技术人员入伍规定。庞洪雨知道，如果继续原有的工作，随着时间流逝，丈夫的牺牲会被大家慢慢遗忘，而她也可以低调地重新开始生活。进入部队，意味着千百双眼睛看着她，作为烈士遗孀，她甘愿背负起双重的责任，并对部队在她最艰难的日子里给予的温暖和支持，心存感激。

穿上那身军装，她想离他更近一些，也是为了继承他的遗志。有时候，她不知道自己该不该想他，把他用过的毛巾日用品全部整理了小心保存好，所有有关郑益龙的报道、事迹材料也都收藏着，却都不忍心打开，一打开眼泪的阀门定是关不住的。可她同时也害怕，害怕记忆日渐衰退，有一天和郑益龙旧时相处的细节会慢慢模糊。她重访那些对两人有纪念意义的地点，在繁忙的工作和家庭之外，挤出时间写日记，想串起记忆中相识相恋的点滴。

“他真、善、美”，她一点点细数郑益龙的好，无论是对家人、战友还是事业，时而发笑，时而动情落泪。我也就跟着落泪。所有宣传报道里的大词，在她的叙述里都有了真实的温度。与她聊天的过程，好像真的能从她的眼睛里看到郑益龙的形象。她喃喃地说，再也不会碰到像他这样好的男人，虽然拥有的时间如此短暂，但她也已经知足。

再次遇见，是她受我们邀请参加“最美街坊颁奖典礼”。刚落座，她便问起，邱兴和的家属有没有来。她在很多个场合都想找他们，她总觉得，同样是跳进珠江救人，同样是牺牲的军人，荣誉更多的给了他的丈夫，她

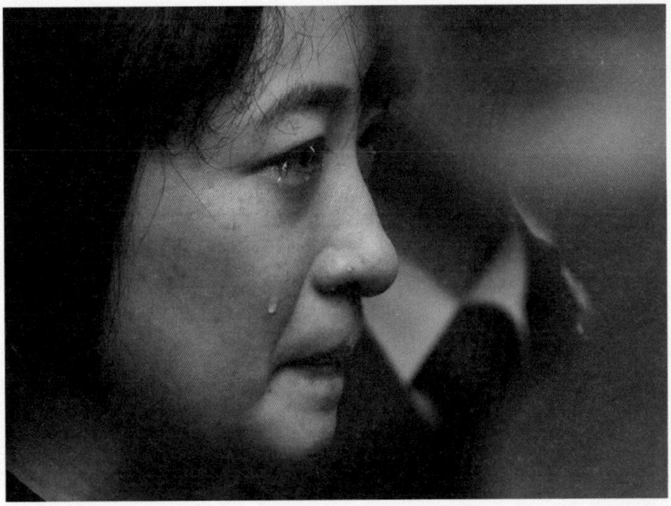

在郑益龙烈士追悼会上，妻子强忍着泪水（林宏贤 摄）

深感歉疚。她还主动想认识跳珠江救人的外国青年卡洛斯，对他说“You are a hero.”这些因珠江牵起的情缘，在她的心里回荡不止。

她那样瘦弱，又那样坚强。在那个初见的寂静的雨夜，在她的回忆里，我更坚定地相信了爱情。告别后给她发去长长的短信：我们都无法预见未来，但凭着你的坚韧和温善，这个家一定温馨灿烂依旧。不要为了别人的错自责愧疚，要狠狠地快乐幸福下去，带着他永恒的爱，追求自己的梦想。

采写：南都记者　陈竹沁